Über dieses Buch Plakate sind in künstlerischer, ästhetischer und politischer Hinsicht Ausdruck der Zeit, sind zeitgeschichtlich bedeutsame Quellen, optische Zeugen ihrer Epoche. Sie spiegeln die allgemeine Lebenssituation und das Alltagsbewußtsein der Bevölkerung, die sozialen und politischen Probleme sowie die politischen Zielvorstellungen der aktiv Handelnden.

Das Plakat hatte in der Nachkriegszeit als Werbeträger eine ungleich größere Bedeutung als heute. Für politische Parteien war es neben den Versammlungen eines der wichtigsten Werbeinstrumente. Zeitung und Rundfunk fielen damals noch als Vermittler weitestgehend aus. Gründe: Papierknappheit, »Überparteilichkeit« der Zeitungen; Sendezeiten für Parteien gab es noch nicht. Auch für die Besatzungsmächte waren Anschläge zunächst das einzige Kommunikationsmittel gegenüber den Deutschen.

Insgesamt war die Plakatkultur der Nachkriegszeit vielfältiger, thematisch weiter gefächert und nicht so stark vereinheitlicht wie heute. Lokale und regionale Parteiorganisationen waren darauf angewiesen, ihre Werbung selbst zu konzipieren und zu organisieren. Erst mit der Auflösung der Besatzungszonen und den ersten Bundestagswahlen setzte hier ein Wandel ein.

Die thematische Vielfalt ist darauf zurückzuführen, daß die sozialen und politischen Probleme dieser Zeit gravierender, drängender und für jeden unmittelbar erfahrbar waren. Im Vordergrund stand damals das sachbezogene Plakat, das die aktuellen Probleme ansprach und Abhilfe versprach (Nahrungs- und Energiemangel, Schaffung von Wohnraum, Einheit Deutschlands, politische Gestaltung der Zukunft etc.). Persönlichkeitsplakate fehlten damals noch völlig (die parteiinternen Machtkämpfe um Führungspositionen waren noch nicht abgeschlossen).

Der Autor und Herausgeber Klaus Wasmund, Dipl.-Politologe, Dr. rer. pol. Nach Abschluß eines erziehungswissenschaftlichen Studiums studierte er Politikwissenschaft in Berlin und London; lehrt an der TU Braunschweig Politikwissenschaft und politische Soziologie.

Er veröffentlichte u. a. ›Politische Orientierungen Jugendlicher‹ (München 1977), als Herausgeber mit B. Claußen das ›Handbuch der politischen Sozialisation‹ (Braunschweig 1982) und als Herausgeber den Band ›Jugendliche – Neue Bewußtseinsformen und politische Verhaltensweisen‹ (Stuttgart 1982).

Klaus Wasmund

Politische Plakate
aus dem Nachkriegsdeutschland
Zwischen Kapitulation
und Staatsgründung
1945–1949

Die Abbildungs-Nummern stehen in [ ]
innerhalb des Kolumnentitels innen

Lektorat: Walter H. Pehle

Originalausgabe
Veröffentlicht im Fischer Taschenbuch Verlag GmbH,
Frankfurt am Main, November 1986

Umschlagentwurf: Jan Buchholz/Reni Hinsch
unter Verwendung eines Plakates aus dem Jahr 1949
Druck: A. Bagel, Düsseldorf; Format: 83 x 59 cm; Archiv: Staatsarchiv Hamburg
Foto: Anja Wasmund
Satz: Fotosatz Otto Gutfreund, Darmstadt
Druck und Bindung: Clausen & Bosse, Leck
Printed in Germany
2980-ISBN-3-596-24309-2

Inhalt

Anhang

Einleitung
Entwicklung und Funktion
des politischen Plakats im 20. Jahrhundert

Die Toten mahnen!
Kriege zu verhüten – dafür
kämpft und arbeitet die SPD

Wesen und Aufgabe des politischen Plakats

Plakate sind Spiegel ihrer Zeit. Sie reflektieren die politischen und gesellschaftlichen Ereignisse und Probleme einer Epoche, die sich in der spezifischen Gestaltung und Symbolik des Plakats verdichten.[1*] Sie sind ein Spiegel, »der sowohl reflektieren als auch verzerren kann«.[2] Das Plakat ist eine »kultur- und zeitgeschichtliche Quelle von eigener Aussagekraft«.[3] Es vermittelt ein Stück sinnlicher Erfahrung aus einer Zeit, als die Vergangenheit noch Gegenwart war. »Um so verwunderlicher ist es, daß die Geschichtswissenschaft bisher das politische Plakat völlig ignoriert hat; dabei ist seine Aussage auch nicht geringer, wenn es Lügen verbreitet. Denn ob Wahrheit oder nicht, im nachhinein gibt das Plakat oft eine bestürzend aufrichtige Auskunft. Im übrigen trägt das politische Plakat das Gewand und das Argument des Tages, hält buchstäblich welthistorische und politische Augenblicke fest, die später ohne Plakatstudium leicht übersehen werden können. Schließlich verrät das Plakat wegen seines öffentlichen Charakters den Einblick der Zeitgenossen in das politische Geschehen; der Satz ›Das habe ich nicht gewußt‹ läßt sich leicht widerlegen, denn ›Ein Plakat sieht jeder‹...«[4] Politische Plakate vermitteln uns einen Eindruck von den großen Zeit- und Streitfragen, den politischen Auseinandersetzungen einer Epoche, den Ideologien und Zielvorstellungen der politischen Parteien. Sie machen uns nachträglich zu Augenzeugen der Wahlkämpfe. Dabei geht der dokumentarische Wert oft über das eigentlich Politische hinaus: »Was uns aber das Plakat im wesentlichen vermittelt,

---

* Die hochgestellten Ziffern verweisen auf die Anmerkungen (S. 279 ff.).

ist nicht seine offenkundige Botschaft, sondern das, was die Art seiner Aufmachung über eine bestimmte Gesellschaft aussagt.«[5]
Im Plakat, seiner Gestaltung, seiner Sprache kommt der Zeitgeist zum Ausdruck. »Die Weise, in der ein zum Kauf angebotenes Produkt dargestellt wird, oder die Art, wie ein politisches Plakat aufgemacht ist, deuten auf etwas hin, das selten sichtbar wird: die Ideologie einer Gesellschaft.«[6]

Das politische Plakat ist — strenggenommen — ein Phänomen des 20. Jahrhunderts. Zwar lassen sich öffentliche Anschläge mit politischem Inhalt über die 48er- und die Französische Revolution bis in das Mittelalter zurückverfolgen — Kirche und Staat bedienten sich ihrer als Informationsmittel und Propagandainstrument —, doch erst die egalitären Massendemokratien mit ihren um Macht konkurrierenden und um die Stimmen der Bürger werbenden Parteien haben dem politischen Plakat zur Blüte verholfen, nachdem die technischen Voraussetzungen für den modernen Plakatdruck im wesentlichen im 19. Jahrhundert entwickelt und verfeinert worden waren.

Durch die technischen und politisch-gesellschaftlichen Bedingungen unseres Jahrhunderts ist das Plakat zu einem Massenmedium geworden. Begonnen hatte der Siegeszug des Bildanschlags als Mittel der Massenwerbung mit der einsetzenden Industrialisierung und dem Aufstieg des Konsumenten im vorigen Jahrhundert.[7] Das mit der Industrialisierung verbundene Anwachsen der Städte schuf die sozialen Voraussetzungen, um eine möglichst große Zahl von Adressaten zu erreichen. Die Industrialisierung schuf den Massenartikel, dieser machte die Steigerung des Warenangebots und damit das System der modernen Konkurrenzwirtschaft möglich. Im Gegensatz zur vorindustriellen Gesellschaft mußten die Produzenten jetzt Strategien entwickeln, um ihre Erzeugnisse abzusetzen. So entstand die Produkt- und Konsumwerbung. Das Plakat wurde ihr wichtigstes Medium.

Die Industrialisierung zog geradezu zwangsläufig die Konsumwerbung, die Demokratisierung, die politische Werbung nach sich. Das politische Plakat ist im Grunde nur ein Sonderfall des Konsumplakats; beiden geht es darum, für ihre Produkte zu werben. Die Methoden sind jedoch zum Teil unterschiedlich, was nicht zuletzt darauf zurückzuführen ist, daß hierzulande die vergleichende Konsumwerbung oder der direkte Angriff auf den wirtschaftlichen Konkurrenten verboten ist. Beides ist in der Politik nicht nur erlaubt, sondern geradezu ein Wesenselement politischer Werbung. So ist der Stil des politischen Plakats oft aggressiv und herausfordernd – manchmal auch pathetisch.

Das Plakat ist ein Massenmedium, das im Gegensatz zu Zeitung, Film, Radio und Fernsehen nicht eine bewußte Konsumentscheidung voraussetzt. Das Plakat drängt sich nolens volens auf. Es will seine »Botschaft« einem unbegrenzten Publikum vermitteln. Es wendet sich an den Passanten, also an jedermann, und versucht, seine Aufmerksamkeit zu erreichen, um diesen zum Kauf einer Ware oder zur Wahl einer politischen Partei zu bewegen. Es soll »ins Auge springen«, Neugierde und Interesse wecken. Durch die permanente Wiederholung an jeder Straßenecke kann sich der Fußgänger oder Autofahrer diesem Blickfang kaum entziehen. Das Plakat muß auffallen, wenn es die Aufmerksamkeit des vorbeieilenden Passanten oder -fahrenden Autofahrers auf sich ziehen will. Der Blickkontakt zwischen dem Vorbeieilenden und dem Plakat wird durch dessen optische (visuelle) Gestaltung hergestellt. Werbung hat schon halb gewonnen, wenn sie »ins Auge springt«. Da das Plakat in der Regel nur während eines begrenzten Zeitraums eingesetzt wird, also für den Augenblick konzipiert ist, unterliegt es einem starken optischen Abnutzungseffekt. Plakatgestalter müssen sich immer wieder neue Ideen einfallen lassen, um die Aufmerksamkeit des mit visuellen Reizen überfluteten Publikums zu gewinnen. Im Idealfall hat das Plakat drei Funktionen zu erfüllen: Es muß Aufmerksamkeit wecken, überzeugen und die Überzeugung muß soweit gehen, daß sie in die Tat umgesetzt wird (z. B. einem Spendenaufruf zu folgen oder eine bestimmte Partei zu wählen).

Die Wirkung des Plakats und die dahinterstehenden Gestaltungselemente beschäftigen nicht erst im Zeitalter moderner Werbeagenturen Auftraggeber und Werbedesigner. Die optimale Größe, Farbe, Schrift- und Bildgestaltung sowie die Plazierung von Plakaten sind schon in den zwanziger Jahren Gegenstand von Untersuchungen experimentell arbeitender Psychologen gewesen.[8]

Das Plakat besteht im wesentlichen aus drei Gestaltungselementen: Bild, Farbe und Schrift bzw. Text.[9] Der plakative Stil bevorzugt eine großzügige Raumaufteilung, arbeitet mit klaren Formen und Farben, beschränkt sich auf wenig Text und konzentriert sich auf das Wesentliche einer Botschaft durch Stilisierung und Vereinfachung. Das politische Plakat bedarf in der Regel eines Textes. Die Schrift soll effektvoll in die bildliche Darstellung integriert werden und auch aus der Ferne lesbar sein. Der Text muß kurz und prägnant sein, damit er im Vorbeigehen blitzschnell aufgenommen werden kann. Daher wird die politische Aussage oft zu einem Slogan oder zu einem einzigen Wort verdichtet.

Beim politischen Plakat kommt es darauf an, »politische Tatbestände und Argumente straff zu formulieren und prägnant darzustellen, sie zur kurzen Plakatformel zu komprimieren, auf ihre politischen Prinzipien zurückzuführen, um sie plakativ faßbar und sichtbar zu machen, weiterhin komplizierte theoretische gesellschaftliche Erörterungen zu veranschaulichen und den wesentlichen Sinn einer Sache in der Vielfalt ihrer äußeren Erscheinungen zu erfassen ...«[10] Freilich sollen die Gestaltungsregeln für den Plakatentwurf, die in erster Linie aus der kommerziellen Plakatforschung abgeleitet sind, nicht darüber hinwegtäuschen, daß bisher verhältnismäßig wenig – empirisch abgesichert – über die Wirkung des politischen Plakats bekannt ist. Die Wirkungsforschung hat das politische Plakat bisher nicht systematisch in ihre Untersuchungen einbezogen. Jeder geht davon aus, daß politische Plakate Effekte erzielen, wir wissen nur nicht, wie wirkungsvoll sie sind. Methodisch besteht die Schwierigkeit u. a. darin, den Einfluß des Plakats von dem anderer politischer Sozialisationsagenten zu isolieren und genau zu bestimmen. Die Parteien selbst sind sich ihrer Sache auch nicht sicher, investieren aber gleichwohl enorme Summen in die Plakatwerbung. Die Ausgaben hierfür liegen etwa bei 20 % der Wahlkampfkosten.[11] Für die Parteien ist die wichtigste Funktion des Plakats ihre Präsenz im Straßenbild. Immerhin nehmen 94 % der Wahlberechtigten politische Plakate im Wahlkampf zur Kenntnis.[12] Die Mobilisierung von Mitgliedern und Sympathisanten sowie die Erhöhung der Wahlbeteiligung wird von den Parteien als Hauptgrund ihrer aufwendigen Plakatwerbung angegeben. Plakate demonstrieren, augenfälliger als alle anderen Werbeträger, daß die Parteien präsent sind, sie sind ein Stück Imagepflege und Sympathiewerbung und haben sicherlich auch einen Verstärkereffekt in dem Sinne, daß sie die Aussagen anderer Werbeträger verstärken und die Meinung von Personen bekräftigen, die auf eine bestimmte Partei festgelegt sind oder mit ihr sympathisieren. Darüber hinaus sind sie wichtige Informationsträger, um den Standpunkt einer Partei in der Öffentlichkeit herauszustellen. Parteigänger anderer politischer Lager lassen sich weder durch Plakatwerbung im besonderen noch durch politische Werbung im allgemeinen umstimmen. Wer über stabile Parteipräferenzen und Einstellungen verfügt, ist gegenüber der politischen Werbung anderer Parteien verhältnismäßig immun.

Politische Plakate in der Nachkriegszeit

Anschläge waren das erste öffentliche Kommunikationsmittel zwischen Besatzern und Besetzten. Durch Anschläge gaben die Besatzungsmächte unmittelbar nach der Eroberung und Besetzung eines Gebietes oder einer Stadt ihre »Befehle« der Bevölkerung bekannt. Zeitungen und Rundfunk spielten als Übermittler von Anordnungen, Mitteilungen und Nachrichten noch keine Rolle, da sie erst wieder aufgebaut werden mußten. Die Reichweite der neugegründeten Zeitungen blieb ohnehin begrenzt, da die Auflagen, gemessen an der Nachfrage, zu klein waren. Die ländlichen Gebiete konnten zunächst mit Zeitungen kaum versorgt werden. Die Informationsmöglichkeiten des Rundfunks stießen auf Grenzen, weil der Besitz eines Rundfunkgerätes in jener Zeit schon ein Privileg war (Rundfunkgeräte gehörten zu den Gegenständen, die konfisziert wurden, s. Abb. 22). Die ersten Anschläge der Alliierten hatten meist repressiven Charakter und bezogen sich auf typische Probleme, die für eine Armee in einem besetzten Land entstehen. Erste durch Anschlag übermittelte Befehle und Bekanntmachungen der jeweiligen Ortskommandanten bezogen sich z. B. auf den Erlaß von Sperrstunden, die Ankündigung von Hausdurchsuchungen, die Abgabe von Waffen, das Verbot, deutsche Soldaten zu verstecken und zu plündern, oder die Aufforderung, geplünderte Waren abzuliefern (Abb. 4, 5, 21, 22). Unmittelbar nach Kriegsende ging es vor allem um die Organisation des Alltags mit dem Ziel, ein Stück Normalität der Lebensbedingungen wiederherzustellen, soweit dies unter den gegebenen Umständen möglich war.
In der ersten Zeit nach dem Kriege sah sich die Bevölkerung einer

Fülle bürokratischer Anordnungen konfrontiert, die selbst neben-sächliche Details des Alltagslebens nicht aussparten. Anschläge zeigten die Aufhebung der Verdunkelungsvorschriften an, traten Ge-rüchten über eine Besetzung der englischen Besatzungszone durch russische Truppen entgegen, erlaubten die Benutzung von Fahrrä-dern oder verboten das Tragen von Skimützen (Abb. 10, 23). Selbst »Verkehrsvorschriften für alle Zivilisten« ließen sich die britischen Militärbehörden angelegen sein. Schließlich ließen es sich Englän-der und Amerikaner nicht nehmen, der deutschen Bevölkerung auf Anschlägen die Gründe für das Fraternisierungsverbot mitzuteilen. Darüber hinaus wurden vor allem lebenswichtige Mitteilungen wie die Ausgabe von Lebensmittelkarten, die stundenweise Aufnahme der Elektrizitäts- und Gasversorgung, die Einrichtung von Wärme-stuben oder Volksküchen und die Zuteilung von Brennmaterial mit-tels Anschlag bekanntgegeben.

Neben den alliierten Dienststellen traten auch deutsche Behörden mit amtlichen Bekanntmachungen an Litfaßsäulen an die Öffentlich-keit. Sie bezogen sich u. a. auf Kleidersammlungen für Vertriebene und Heimkehrer, Wohnraumzählungen, das Ährensammeln auf den Feldern und zeigen, daß die Kontinuität der deutschen Bürokratie auf den unteren und mittleren Ebenen trotz der Kapitulation weitge-hend intakt blieb. Wie penibel der bürokratische Apparat selbst in dieser chaotischen Zeit des Umbruchs routinemäßig weiterfunktio-nierte, wird z. B. deutlich an einer »Aufforderung zur Abgabe der Steuererklärungen für das Kalenderjahr 1944 bis 31. 7. 1945« (Stadt-verwaltung Frankfurt).

Als in der sowjetisch besetzten Zone bereits im Juli 1945 politische Parteien zugelassen wurden und damit das Konzept eines allmäh-lichen stufenweisen demokratischen Wiederaufbaus in den Westzo-nen konterkariert wurde, sahen sich die Westalliierten gezwungen, politische Parteien und Gewerkschaften früher als geplant zuzulas-sen. Anschläge wiesen auf die Erlaubnis zur »Bildung von politischen Parteien« hin oder gaben die Verfahrensregeln bei der Abhaltung politischer Versammlungen bekannt (Abb. 14).

Mit der Zulassung politischer Parteien und ihrer Teilnahme an den ersten Kommunalwahlen traten diese auch mit politischen Plakaten an die Öffentlichkeit. Das politische Plakat hatte damals eine nahezu konkurrenzlose Stellung. Da Zeitung und Rundfunk (Sendezeiten für politische Parteien gab es ohnehin nicht) als Werbeträger praktisch ausfielen, nahm das Plakat eine Monopolstellung bei der politischen Werbung ein, wenn man das Flugblatt, das eine andere Funktion hat, einmal unberücksichtigt läßt. Den politischen Parteien blieb damals nur die Möglichkeit, über Versammlungen, Plakate und Flugblätter für ihre Ziele zu werben oder sich mit dem politischen Gegner auseinanderzusetzen. Auf Versammlungen kann nur für die Dauer der Veranstaltung auf die Teilnehmer eingewirkt werden. Der Besuch einer Parteiversammlung setzt außerdem den bewußten Entschluß voraus, diese Veranstaltung zu besuchen. Durch das Prinzip der Freiwilligkeit ist der Kreis der Rezipienten von vornherein begrenzt. Flugblätter versuchen meist durch längere Texte einen bestimmten Sachverhalt darzulegen und haben daher einen völlig anderen Charakter und Argumentationsstil als Plakate. Der Passant muß gewillt sein, das Flugblatt anzunehmen und u. U. längere Lesearbeit zu leisten, beides kann der Herausgeber eines Flugblattes nicht sicherstellen, entzieht sich also seiner Kontrolle. Das Plakat ist dagegen ein Medium, das situationsunabhängig und über längere Zeiträume als Werbeträger eingesetzt werden kann. Es erreicht eine Vielzahl von Leuten über längere Zeiträume und drängt sich mit der »Botschaft« nachdrücklich dem Passanten auf. Wahrscheinlich wird er sogar mehrmals täglich mit einem bestimmten Plakat konfrontiert und fühlt sich – je nach politischem Standort – herausgefordert oder bestätigt.

Die Plakatwerbung befand sich nach dem Kriege in einer einmaligen Situation. Nach 12 Jahren totaler Propaganda im totalen Staat gab es wieder konkurrierende politische Parteien und Ideologien und dementsprechend auch eine konkurrierende politische Werbung. Die Situation des politischen Neubeginns und der freie Wettbewerb der Parteien um die Gunst des Wählers haben dem Plakatanschlag seinerzeit sicherlich wesentlich mehr Aufmerksamkeit zuteil werden lassen als heute, wo zudem die Konsumwerbung um Beachtung kämpft. Herausgeber und Gestalter politischer Plakate waren in der Nachkriegszeit jedoch einer Reihe von Schwierigkeiten und Hindernissen ausgesetzt. Das erste und wohl wichtigste Hindernis war die Zensur der alliierten Militärbehörden. Die alliierte Zensur war eine

Vorzensur, d. h. jedes Plakat mußte vor dem öffentlichen Anschlag von den zuständigen Dienststellen der jeweiligen Besatzungsmacht genehmigt werden. Diese handhabten ihr Zensurrecht im allgemeinen großzügig, reagierten bei Kritik an den vier Besatzungsmächten aber äußerst empfindlich.

Zu den technischen Problemen gehörten vor allem die Papierknappheit, aber auch der Mangel an Farbe und die begrenzten Druckkapazitäten. Der Mangel an Papier wirkte sich auf das Format und die Auflagenhöhe der Plakate aus. So waren die Plakate in der Regel wesentlich kleinformatiger als heute. Auch die Qualität von Papier und Farbe war im allgemeinen nicht besonders gut. Die Werbewirksamkeit der Plakate dürfte darunter aber kaum gelitten haben, da sie damals noch leichter die Aufmerksamkeit der Passanten, d. h. des Fußgängers erreichen konnten. Autofahrer, die die Werbung heute vor allem im Blick hat und mit großflächigen Plakaten ansprechen will, waren damals noch eine kleine Minderheit.

Schließlich standen einer effizienten Organisation und der Zentralisierung politischer Werbung auch die schlechten oder unterbrochenen Verkehrsverbindungen, Schwierigkeiten und Behinderungen im Post- und Telefonverkehr sowie der Mangel an Transportraum entgegen.

Auch die Plakatgestaltung war für die Auftraggeber ein Problem, vor allem außerhalb der städtischen Ballungsgebiete. Der Krieg hatte die Reihen der Plakatkünstler und Werbegrafiker gelichtet, manche waren in Gefangenschaft, verschollen oder durch die Nachkriegsereignisse verstreut. Andere, oft bekannte Namen, hatten sich in der NS-Zeit korrumpiert und konnten aus diesem Grunde nicht eingesetzt werden. Außerhalb der Großstädte mußte zwangsläufig auf nichtprofessionelle Kräfte zurückgegriffen werden, was den amateurhaften Charakter, aber auch eine gewisse Originalität mancher Plakate erklärt.

Der Aufbauphase der politischen Parteien entsprach eine Suchphase ihrer politischen Werbung. Da die Zulassung politischer Parteien stufenweise erfolgte und von der lokalen und regionalen Ebene ausging, mußten die lokalen Parteiorganisationen ihre Werbung zwangsläufig zunächst selber organisieren. Dieser Umstand gab der Plakatpropaganda das für jene Zeit typische Lokalkolorit. Es fehlte weitgehend das profihafte stromlinienförmige Design moderner Werbeagenturen, die heute den Politikern suggerieren, wie sie ihre Produkte verkaufen sollen. Zwar waren die Plakate der unmittelbaren Nachkriegszeit nicht immer originell, aber zumindest originär, wie der folgende Text eines Plakats zu den Niedersächsischen Gemeindewahlen von 1946 zeigt:

»Müller, Schulze und Frau Lehmann,
die Entscheidung naht heran!
Wer sind Eure Kandidaten?
Nun – nur Sozialdemokraten.«

Der Reim ist als Stilmittel politischer Propaganda heute verpönt, zumindest bei den etablierten Parteien. Er ist später erst von der Studentenbewegung als Mittel politischer Agitation wiederentdeckt worden und taucht heute recht häufig in den Graffitis des sub- und gegenkulturellen Milieus auf.

Zuweilen hatte die politische Werbung in der Nachkriegszeit etwas Spielerisches. Der politische Gegner wurde mit Witz und Ironie karikiert; der Bierernst, der den Stil der politischen Auseinandersetzung heute weitgehend prägt, war zwar auch seinerzeit vorhanden, aber doch nicht so stark verbreitet. Auch wird man heute wohl vergeblich nach plattdeutschen oder bayerischen Plakattexten suchen. Mundarttexte wie der folgende dokumentieren ein Stück Lokalkolorit:

»Wenn Handel, Wandel, wedder gohn,
wat hebbt de Sozis dorbi don?
Nix!« (Abb. 44)

Natürlich war der regionale Charakter der politischen Werbung auch durch den Umstand bedingt, daß es bis zur ersten Bundestagswahl am 14. August 1949 nur Kommunal- und Landtagswahlen sowie Volksabstimmungen auf Länderebene gab. Allerdings kam es bei Landtagswahlen oder sonstigen herausragenden politischen Anlässen (Mai-Feiern etc.) zu überregionalen Rednereinsätzen, die von den Parteizentralen gesteuert wurden. Namen wie Adenauer, Kaiser oder Schumacher, um nur einige zu nennen, fanden sich dementsprechend auf den Ankündigungen von Versammlungen oder politi-

schen Großveranstaltungen. Fotos prominenter Politiker auf Plakaten waren damals noch eine Ausnahme. Die Wahl zum ersten Bundestag und der folgende planmäßige Ausbau der Parteiorganisationen brachte dann aber die Wende von der Regionalisierung zur
Zentralisierung politischer Werbung. Die Personalisierung der Wahlkämpfe (und der damit verbundene Siegeszug des Kopfplakats)
setzte erst in den fünfziger Jahren mit der Anwendung amerikanischer Wahlkampftechniken und der dominierenden Rolle Adenauers
in der deutschen Politik ein.

In der politischen Werbung lassen sich zwei Plakattypen unterscheiden: einmal das Werbeplakat, das programmatische oder politische
Zielvorstellungen einer Partei propagiert, ohne sich direkt auf andere Parteien zu beziehen, und zum anderen das Agitationsplakat, das
die direkte Auseinandersetzung und Konfrontation mit dem politischen Gegner sucht. Der Schwerpunkt der politischen Werbung aller
Parteien lag in der Nachkriegszeit bei ihrer politischen Selbstdar-
stellung, was für eine Phase der Neugründungen oder zumindest des
Neubeginns naheliegt. Agitationsplakate, die eine bestimmte Partei
ansprachen und sich direkt mit ihr auseinandersetzten, waren zwar
auch vertreten, aber doch deutlich in der Minderzahl.

Welche »Botschaften« versuchte die Bildpropaganda zu vermitteln?
In erster Linie konzentrierte sie sich auf die zentralen Fragen und
Probleme jener Zeit wie die Ernährungskrise, die Energieversorgung
und den Wohnraummangel. Diese Themen wurden in der Plakatwerbung aller Parteien immer wieder aufgegriffen. Natürlich versprach
jede Partei, die dringendsten Probleme am besten und schnellsten zu
lösen: »Heraus aus Trümmern, Elend, Leid«, »Anpacken, wir schaffen es!«, »Baue mit uns an einem neuen Deutschland« (Abb. 47),
»Wir können nicht zaubern, aber arbeiten«, so oder ähnlich lauteten
die prinzipiell austauschbaren Parolen der Parteien in jener Zeit. Ein
Plakat der CDU brachte es auf die ebenso prägnante wie zutreffen-
de Formel: »Arbeit, Brot, Obdach« (Abb. 109). Auf einem Plakat der
KPD ist eine Mutter abgebildet, die drei fröhlichen und wohlgenährt
aussehenden Kindern von einem Laib Brot Stullen abschneidet. Der
Text lautet: »Brot! Für unsere Kinder durch Mitarbeit in der Partei
des Aufbaus!« (Abb. 69).

Zu den Zielgruppen, die in der politischer Werbung besonders oft angesprochen wurden, gehörten Flüchtlinge (Abb. 60, 118, 119), Heimkehrer (Abb. 53, 120), Frauen bzw. Mütter (Abb. 34, 57, 64, 71) und Jugendliche (Abb. 62, 135). Flüchtlingen und Heimkehrern wurde materielle Hilfe und Eingliederung, aber auch Identifikation mit ihrem Schicksal versprochen. (»Vertriebene – Eure Not ist unsere Not«, Abb. 63.) Den Vertriebenen wurde von allen Parteien, abgesehen von der KPD, der Kampf um die Rückkehr in ihre Heimat zugesagt. Vertriebene, Heimkehrer und Ausgebombte waren für die Parteien – wahlstatistisch gesehen – eine unbekannte Größe, da diese Gruppen am härtesten unter den Folgen des Krieges gelitten hatten. Ohnehin konnte keine Partei, die SPD vielleicht ausgenommen, ohne weiteres auf alte Stammwähler aus der Weimarer Republik zurückgreifen. Zu viele Deutsche waren durch den Krieg und seine Folgen sozial deklassiert, aus ihrer Heimat vertrieben, hatten Hab und Gut verloren und traumatische Erlebnisse durch Flucht, Vertreibung und Besetzung gehabt. Solche tief in die persönliche Lebensgeschichte eingreifenden Ereignisse können zur Umorientierung politischer Ideologien und von Parteipräferenzen führen.

Die Neugründungen politischer Parteien in den Jahren 1945/46 liefen im Grunde auf eine Renaissance des alten Parteiensystems von Weimar hinaus, das seinerseits in der Tradition der Parteienentwicklung des 19. Jahrhunderts stand. Nur die CDU/CSU war eine genuine Neugründung.

Mit der Wiedergeburt des alten Parteiensystems von Weimar (die NSDAP natürlich ausgenommen) wurden auch wieder die alten Konfliktlinien sichtbar. Bereits mit den ersten Wahlen setzte eine Links-Rechts-Polarisierung ein, in deren Verlauf sich die bürgerlichen Parteien entschieden von den Sozialdemokraten abgrenzten. So kam es schon bei den ersten Landtagswahlen in Niedersachsen zu sogenannten »Antimarxistischen Wahlblöcken« von CDU, FDP und Niedersächsischer Landespartei (später DP), die gegen die SPD gerichtet waren. Mit den Kommunisten setzten sich die bürgerlichen Parteien gar nicht erst auseinander, ihnen traute man wohl ohnehin keine bedeutenden Stimmengewinne mehr zu, sie wurden mehr als abstrakte Gefahr politisch vermarktet (»Wer nicht wählt, wählt kommunistisch und damit seines Volkes Untergang!«). Der Links-Rechts-Gegensatz kam vor allem im Kampf um die künftige Wirtschaftsord-

nung zum Ausdruck. CDU, FDP und DP kämpften für die Marktwirtschaft, wandten sich »gegen Vermassung«, »Kommandowirtschaft«,
»Planwirtschaft« (Abb. 59) und Sozialisierungsbestrebungen und
malten das Gespenst der Enteignung (Abb. 58), »Zwangswirtschaft«
sowie des »Bürokratismus« an die Wand (Abb. 100, 101, 111). Die
SPD, die sich damals noch auf Karl Marx berief (Abb. 35, 36), trat
für Sozialisierung (Abb. 110) und Wirtschaftsdemokratie sowie eine
Bodenreform ein, die ursprünglich auch Engländer und Amerikaner
durchsetzen wollten.

Das langfristige Ziel der KPD war die Schaffung einer sozialistischen
Demokratie und die konsequente gesellschaftliche Umgestaltung,
d. h. die Abschaffung des Kapitalismus und die Ausschaltung der
alten politischen und wirtschaftlichen Führungsgruppen, wie es in
einem ihrer Plakate zum Ausdruck kommt. Es zeigt zwei zum Gruß
verschlungene Hände, zwischen denen Symbole der Reaktion – Ka-
pitalist, Herrenreiter, Offizier – zerdrückt werden und hilflos zwischen den Fingern herunterbaumeln (Abb. 70). Andere bevorzugte
Themen der KPD waren die Demontagepolitik der Westalliierten
(Abb. 102) und die Forderung nach dem Abzug aller Besatzungsmächte (Abb. 20, 30, 31, 73). Diese Forderung thematisierte die KPD
in ihrer politischen Propaganda teils witzig (Abb. 31), teils mit bei-
ßender Schärfe (Abb. 73). Zur Bundestagswahl gab sie ein Plakat
heraus, auf dem sie sich als einzige unabhängige Alternative zu den
anderen Parteien darstellt, die für Einheit, Freiheit und Unabhängigkeit kämpft. CDU, FDP und SPD werden durch drei Herren im Frack
symbolisiert, die ihre Zylinder abgenommen haben und vor einem
Paar überdimensionaler amerikanischer Armeestiefel ihren Kotau
machen. Die Szene ist mit roter Farbe durchgekreuzt (Abb. 73). Bei
den anderen Parteien war das Thema Besatzungsmächte in der
Plakatwerbung tabu.

»Friedensvertrag und Abzug der Besatzungstruppen fordern allein
die Kommunisten«, lautet der Text auf einem anderen Plakat der
KPD, das einen Arbeiter zeigt, der mit letzter Kraft einen Karren
zieht. Auf ihm sind Säcke gestapelt, auf denen jeweils Demontage,
Ruhrstatut, Besatzungsstatut und Besatzungskosten steht (Abb. 20).
Mit ähnlicher Bildsymbolik wurde in der Weimarer Republik gegen
den Versailler Vertrag agitiert.

Natürlich hatten die Ungewißheit über das politische Schicksal Deutschlands und der Dissens der Besatzungsmächte in der Deutschlandfrage auch Rückwirkungen auf die politische Werbung aller Parteien, die verstärkt für das Ziel eines geeinten Deutschlands eintraten, wobei alle Parteien, die KPD ausgenommen, die nationale Souveränität in den Grenzen des Jahres 1937 forderten (Abb. 42).

Seit jeher beschränken sich politische Parteien nicht nur auf die Propagierung ihrer politischen Ziele, sondern suchen auch die Auseinandersetzung mit dem politischen Gegner. Was läßt sich über den politischen Stil in jener Zeit, soweit er im Plakatanschlag zum Ausdruck kam, sagen? War der politische Stil stärker konfliktbetont und aggressiv oder eher zurückhaltend und fair? Insgesamt war die Auseinandersetzung mit dem politischen Gegner von Zurückhaltung geprägt, wirklich aggressive Töne waren die Ausnahme. Dies ist sicherlich auch auf die alliierte Zensur zurückzuführen, die wie ein Damoklesschwert über den Parteien schwebte. In erster Linie achtete die Zensur allerdings darauf, daß bestimmte Tabus, zu denen u. a. auch die Politik der Besatzungsmächte gehörte, beachtet wurden. Der Hauptgrund für die Zurückhaltung der Parteien war, neben der Tatsache, daß in fast allen Ländern zunächst Allparteienregierungen bestanden, wohl der bei allen Politikern vorhandene Wille, keine »Weimarer Verhältnisse« aufkommen zu lassen. Auch mag eine Rolle gespielt haben, daß es noch kein Zentralparlament als großes Forum der Nation und Konzentrationspunkt parteipolitischer Polemik gab. Schärfere Töne kamen bei der Wahl zum ersten Bundestag auf. Dies dürfte darauf zurückzuführen sein, daß diese Wahl eine ungleich größere nationale Bedeutung hatte als die vorangegangenen Wahlen und Abstimmungen auf Länderebene. Alle Parteien waren sich darüber im klaren, daß die künftigen gesellschafts-, wirtschafts- und außenpolitischen Weichenstellungen ganz entscheidend von den Ergebnissen dieser ersten Bundestagswahl abhängen würden. Dementsprechend ausgeprägt waren das Engagement und der Kampfgeist bei dieser Wahl, was nicht zuletzt Auswirkungen auf den politischen Stil hatte. Dabei wurde auch an Gefühle und unterschwellige Ängste appelliert. So tauchte im Bundestagswahlkampf 1949 zum ersten Male der Bildtopos eines Rotarmisten mit asiatischen Gesichtszügen auf, der eine »Russenmütze« mit Ohrenklap-

pen trägt und seine Hand drohend auf die Weltkugel legt. Vor ihm
steht ein geborstener Schild, auf dem die Initialen SPD gemalt sind.
Der Schild soll offensichtlich dem Betrachter des Plakates suggerieren, daß die Abwehrkräfte der SPD gegen die »rote Gefahr« zu
schwach und brüchig geworden sind. Der Text des Plakates lautet
lapidar: »Die Rettung: CDU und FDP« (Umschlagbild). Die CSU
ging mit einem nahezu identischen Plakat in den Wahlkampf, allerdings fehlte hier der Bezug zur SPD (Abb. 51). Die Bedrohung aus
dem Osten wurde in abgewandelter Bildsymbolik auf einem CDU-
Plakat zur Bundestagswahl 1953 wieder aufgenommen. Es zeigt die
obere Gesichtshälfte mit dem stechenden Blick eines »Politruks«, die
Uniformmütze tief in das Gesicht gezogen. Auf der Mütze sind
Hammer und Sichel zu erkennen. Der Plakattext lautet: »Alle Wege
des Marxismus führen nach Moskau!« Die Technik dieser gegen die
SPD gerichteten Propaganda ist leicht zu durchschauen. Sie besteht
darin, den innenpolitischen Gegner mit dem »äußeren Feind« in
Verbindung zu bringen und damit abzuwerten.[1] Gegen subtile Asso-
ziationen oder versteckte Gleichsetzungen mit dem »äußeren
Feind« mußte sich die SPD vor allem seit Beginn des Kalten Krieges
zwischen Ost und West wehren. Der Aufhänger für dieses Diffamie-
rungsmuster waren gemeinsame ideologische Grundelemente des
Marxismus, auf den sich äußerer Feind und innenpolitischer Gegner,
allerdings mit diametralen Folgerungen, bezogen (offiziell wurde
der Marxismus von der SPD erst mit dem Godesberger Programm
von 1959 als ideologischer Ballast über Bord geworfen). So nimmt
es nicht wunder, wenn sich die SPD während des Wahlkampfes für
die Niedersächsische Landtagswahl 1947 auf einem Plakat über
diese Methode mit folgenden Worten beschwerte:
»Goebbels ist tot! Seine demagogische Propaganda aber lebt wieder auf. Wir Sozialdemokraten haben den Wahlkampf bisher fair
und grundanständig geführt. Die CDU vermeidet in ihrer Propaganda grundsätzlich das Wort Sozialdemokraten. Wir sind aber seit 80
Jahren Sozialdemokraten, haben unseren Namen niemals geändert.
Welche Partei könnte das von sich behaupten? Die geistigen Väter
unseres Sozialismus sind die von keinem namhaften Gelehrten der
Welt angezweifelten großen Männer Marx und Engels...!«
Andererseits war auch das Bedürfnis nach direkter Auseinanderset-

zung zwischen den Parteien vorhanden, das heute fast anachronistisch wirkt. So scheuten die Parteien keineswegs die Diskussion mit dem politischen Gegner vor Ort, also in den Wahlversammlungen selbst. Sicherlich war wohl weniger der Wunsch nach politischer Fairneß als die Überzeugung, der gegnerischen Partei eine propagandistische Schlappe versetzen zu können, der Anlaß für die folgende Einladung zu einer Wahlveranstaltung:

»Farbe bekennen. Die CDU wird hiermit öffentlich aufgefordert, sich unserem Redner, dem Bremischen Wirtschaftssenator Hermann Wolters, zur Aussprache zu stellen. Alle zugelassenen Parteien erhalten eine Redezeit von 15 Minuten.«

Die Plakatlandschaft der Nachkriegszeit war nicht ausschließlich durch politische Plakate und Anschläge geprägt. Zwar war das kommerzielle Plakat aufgrund der allgemeinen Mangellage praktisch kaum präsent, doch gab es eine Vielzahl von Plakaten, die auf kulturelle Veranstaltungen und Vergnügungsangebote hinwiesen. Der Krieg, der mit Einschränkungen und Verzicht auf allen Gebieten der privaten Lebensführung verbunden war, löste bei denen, die »noch einmal davongekommen« waren, einen Lebenshunger aus, wie er oft in Krisenzeiten oder nach nationalen Katastrophen beobachtet werden kann. Dies äußerte sich in einem immensen Bedürfnis nach Unterhaltung, Vergnügungen und Ablenkung vom tristen Trümmeralltag. Plakate warben für Volksfeste, Tanzveranstaltungen, Zoo- und Zirkusbesuche oder Sportereignisse und brachten damit ein paar Farbtupfer in die graue Ruinenlandschaft jener Jahre. Obwohl es sich hierbei nicht um politische Plakate im engeren Sinne handelt, sind einige von ihnen in diese Dokumentation aufgenommen worden, weil das Alltagsleben nicht losgelöst von der damaligen politischen Situation gesehen werden kann. Teilweise haben diese Plakate einen direkten Bezug zur Politik, z. B. wenn Theater-, Kabarett- oder Filmveranstaltungen sich mit der NS-Vergangenheit und ihren Folgen auseinandersetzen, oder sie sind Ausdruck der allgemeinen politischen Lage nach dem Kriege.

12 Jahre geistiger Isolierung während der NS-Herrschaft hatten auf kulturellem Gebiet ein ausgeprägtes Informationsbedürfnis der Bevölkerung zur Folge. Diesem Nachholbedarf entsprach ein vielfältiges Angebot an Theateraufführungen, Konzerten, Filmvorführungen,

Kunstausstellungen, Dichterlesungen und Vortragsveranstaltungen. Besonders für die Jahrgänge, die einen Großteil ihrer Kindheit und Jugend unter der NS-Herrschaft verbracht hatten, bot sich zum ersten Male die Gelegenheit, mit ehemals verbotener Literatur, Musik und »entarteter Kunst« Bekanntschaft zu machen. Und angekündigt wurden diese Veranstaltungen vor allem mit Plakaten!

Eine besondere Blütezeit erlebte das politisch-literarische Kabarett in den ersten Nachkriegsjahren. In den Großstädten waren die Kabaretts wie Pilze aus dem Boden geschossen. In Berlin versuchten der »Ulenspiegel«, das »Kabarett der Komiker«, das »neue brett'l«, in München die »Schaubude« und in Hamburg das »Kaleidoskop«, um nur einige zu nennen, das Bedürfnis nach zeitkritischer Unterhaltung abzudecken, was angesichts alliierter Zensur nicht immer reibungslos über die Bühne ging (Abb. 139, 140, 141, 142).

Die hier vorgestellten Plakate sind Dokumente einer schweren Zeit. In ihnen spiegelt sich die einmalige soziale und politische Situation der Nachkriegszeit mit ihren Nöten, Ängsten und Hoffnungen wider. Der Vielzahl der Probleme in jenen Jahren entsprach eine Vielfalt der gestalterischen Ausdrucksformen in der politischen Werbung. Verglichen mit dem politischen Plakat von heute wirkt das Plakat der Aufbaujahre sowohl inhaltlich als auch gestalterisch vielleicht nicht sehr professionell, dafür aber war es origineller, facettenreicher, problemorientierter und sicherlich auch konkreter in der politischen Aussage. Auf jeden Fall war es nicht so monoton wie das politische Plakat der Gegenwart.

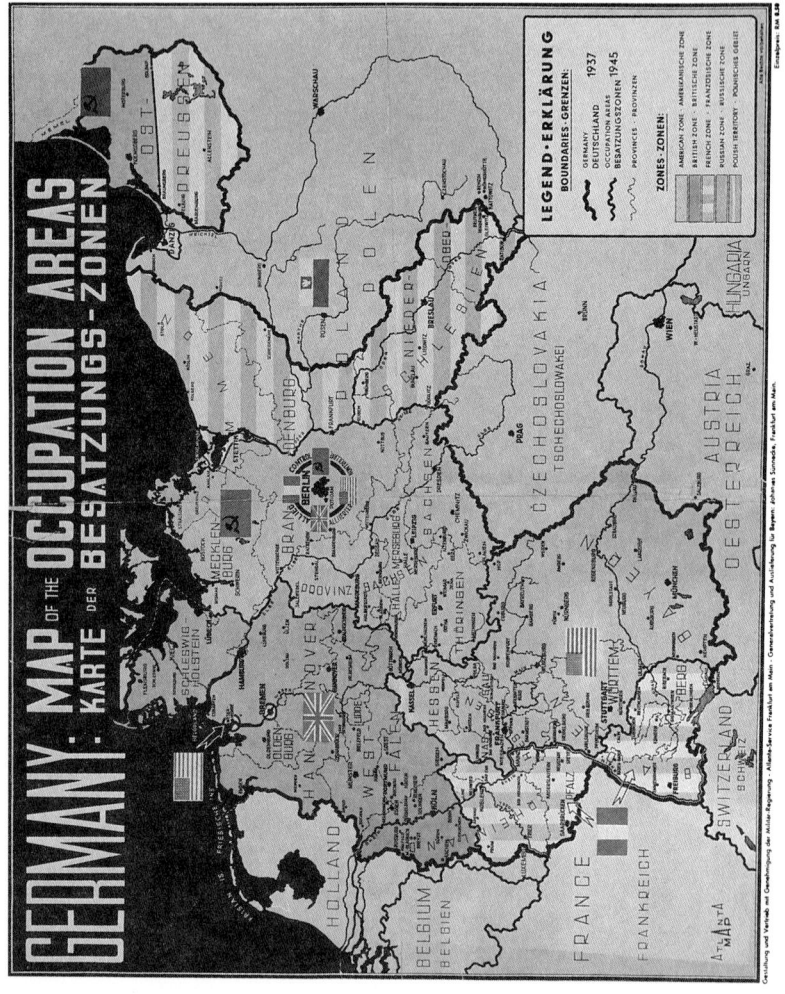

Politische Plakate
aus dem Nachkriegsdeutschland

Von der bedingungslosen Kapitulation zur Staatsgründung – Stationen der politischen Entwicklung

1. Bedingungslose Kapitulation und politische Zielvorstellungen der Alliierten

Am 8. Mai 1945 ruhten an allen Fronten des europäischen Kriegsschauplatzes die Waffen. Die geschäftsführende Regierung Dönitz hatte bedingungslos kapituliert. Deutschland war von den Siegermächten besetzt und diesen auf Gedeih und Verderb ausgeliefert. Zentrale deutsche Behörden gab es nicht mehr. Die oberste Regierungsgewalt wurde von den Besatzungsmächten USA, Großbritannien, der Sowjetunion und dem später hinzugekommenen Frankreich ausgeübt.

Gemäß alliierter Vereinbarungen wurde Deutschland in vier Besatzungszonen aufgeteilt, in denen die Militärbefehlshaber »auf Anweisung ihrer Regierungen« die oberste Gewalt ausüben sollten. Für Fragen, die Deutschland als Ganzes betrafen, sollte ein aus den vier Oberbefehlshabern bestehender Alliierter Kontrollrat mit Sitz in Berlin die Entscheidungen treffen.

Das Gebiet von Groß-Berlin wurde in vier Sektoren aufgeteilt und seit dem 1. Juli 1945 von den vier Mächten gemeinsam besetzt. Die ehemalige Reichshauptstadt sollte gemeinsam von den vier Stadtkommandanten durch eine Alliierte Kommandantur verwaltet werden.

Die »Feststellung über die Besatzungszonen« vom 5. Juni 1945 sah zwar noch die Zoneneinteilung in den Grenzen vom 31. Dezember 1937 vor, doch schon vor Beginn der Potsdamer Konferenz (17. 7. bis 2. 8. 1945) hatte die Sowjetunion vollendete Tatsachen geschaffen und die preußischen Provinzen östlich von Oder und Neiße in einem am 21. April unterzeichneten Abkommen unter polnische Verwaltung gestellt.

Das Reichsgebiet in den Grenzen von 1937 zerfiel durch alliierte Maßnahmen in acht Teile[1]:

1. die sowjetische Besatzungszone,
2. die amerikanische Besatzungszone,
3. die britische Besatzungszone,
4. die französische Besatzungszone,
5. die unter polnische Verwaltung gestellten Gebiete östlich von Oder und Neiße,
6. das von der UdSSR annektierte Gebiet um Königsberg,
7. das Saargebiet, das einen Sonderstatus bekam und wirtschaftlich an Frankreich angegliedert wurde,
8. Berlin, das von einer Alliierten Kommandantur verwaltet wurde.

Der Alliierte Kontrollrat mit Sitz in Berlin sollte einmal für ein einheitliches Vorgehen der Militärgouverneure in ihren Zonen sorgen, zum anderen die »Deutschland als Ganzes« betreffenden Entscheidungen treffen. Der Kontrollrat konnte seine Beschlüsse nur einstimmig fassen, was die Handlungsfähigkeit dieses Gremiums erheblich hemmen sollte. Da die Konsensfindung unter den vier Alliierten im Kontrollrat aufgrund ihrer unterschiedlichen politischen Zielvorstellungen von Anfang an äußerst schwierig und schwerfällig war, fanden die entscheidenden politischen Weichenstellungen sehr bald in den Bereichen der einzelnen Militärbefehlshaber statt.

Die obersten Entscheidungsorgane in den einzelnen Besatzungszonen waren[2]:

1. Die Sowjetische Militäradministration in Berlin-Karlshorst (SMAD),
2. Office of Military Government for Germany (OMGUS) in Frankfurt a. M.,
3. Control Commission for Germany/British Element (CCG/BE) in Bad Oeynhausen,
4. Conseil de Contrôle de la France pour l'Allemagne in Baden-Baden.

Je mehr sich der Kontrollrat selbst lahmlegte, um so mehr wuchs die politische Bedeutung der obersten Militärbehörden in den einzelnen Besatzungszonen. Die politische und wirtschaftliche Entwicklung in den Besatzungszonen verlief von Anfang an weitgehend unabhängig

Bekanntmachung!

Heute Ausgehverbot.

Keine Person darf die Stadt verlassen.

Sämtliche Gaststätten bleiben bis auf weiteres geschlossen.

Ab morgen von 9 - 12 Uhr Ausgeherlaubnis. Lebensmittelgeschäfte sind in dieser Zeit offen zu halten. Verkauf geht weiter wie bisher gegen Lebensmittelmarken. Die städt. Verwaltungsstellen arbeiten in vollem Umfange weiter.

Fabriken bleiben bis auf weiteres geſchlossen.

Sämtliche Geldinſtitute bleiben vorläufig geschlossen.

Waffen aller Art, auch Jagdwaffen, sind spätestens bis morgen vormittag 10 Uhr ausnahmslos im Rathaus, Zimmer Nr. 3, abzuliefern. Die Jagdwaffen sind mit der Bezeichnung des Eigentümers zu versehen.

Fotografieren ist verboten.

Eine Ansammlung von mehr als 5 Personen ist verboten, abgesehen von geschloßenen Familien von mehr als 5 Personen.

Vor allem ist auch das Anſtehen vor den Geſchäften verboten.

Peine, den 10. April 1945.

Der Bürgermeister
der Stadt Peine
Dr. Bronleewe

voneinander, da die Zonengrenzen die Besatzungszonen praktisch wie Staatsgrenzen voneinander isolierten.

Entsprechend ihren politischen Traditionen, Ideologien und den Zielvorstellungen ihrer Regierungen versuchten die einzelnen Oberbefehlshaber (Eisenhower, Schukow, Montgomery, Lattre de Tassigny) ihre Gebiete zu verwalten und einen politischen Neuaufbau in Angriff zu nehmen. Ziel der Besatzungsmächte war es – allerdings mit unterschiedlichen Methoden und Strategien –, politisch unbelastete Deutsche beim politischen und administrativen Wiederaufbau so schnell wie möglich zu beteiligen.

Die *amerikanische Zone* wurde durch die Proklamation Nr. 2 der amerikanischen Militärregierung vom 19. September 1945 in drei Länder aufgeteilt: Bayern (ohne die Pfalz), Württemberg-Baden (gebildet aus den nördlichen Teilen der früheren Länder Württemberg-Baden) sowie (Groß-)Hessen (mit den Gebieten der ehemaligen preußischen Provinz Hessen-Nassau und dem ehemaligen Land Hessen, ohne Rheinhessen). Außerdem wurde die Enklave Bremen, als amerikanischer Zugang zum Meer, geschaffen, die im Januar 1947 den Status eines Landes bekam.

An der Spitze der Länder standen ernannte Ministerpräsidenten: In Bayern übernahm dieses Amt Dr. Fritz Schäffer, der bis 1933 Vorsitzender der BVP gewesen war. Schäffer wurde aber bereits nach drei Monaten wieder abgesetzt; ihm folgte Wilhelm Hoegner (SPD), in dessen Kabinett Ludwig Erhard das Wirtschaftsministerium übernahm. In Württemberg-Baden wurde Dr. Reinhold Maier (DVP/FDP), in Hessen der parteilose Professor Karl Geiler ernannt, und in Bremen wurde Wilhelm Kaisen (SPD) Senatspräsident. Den Ländern wurde die legislative, exekutive und judikative Gewalt übertragen, allerdings unter alliiertem Vorbehalt.

Bis zur Wahl demokratisch legitimierter Parlamente wurde die gesetzgebende Gewalt von den ernannten Ministerpräsidenten ausgeübt. In Bayern gab es bis zur ersten Landtagswahl einen Beratenden Landesausschuß, der vor der Festlegung des Haushaltsplanes und vor dem Erlaß wichtiger Gesetze zu hören war.

Da sich Frankreich im Alliierten Kontrollrat beharrlich gegen die Bildung zentraler deutscher Verwaltungsstellen ausgesprochen hat-

WARNUNG!   WARNING!

An den deutschen Soldaten:

Ergib dich sofort der Militärregierung. Falls Du in Zivilkleidung entdeckt wirst - die Du trägst, um der Erkennung zu entgehen - kannst Du als Spion erschossen werden.

To the German Soldier:

Report immediately to the Military Government. If you are caught attempting to escape identification by wearing civilian clothes you may be shot as a spy.

An den deutschen Zivilisten:

Falls Du Nachzüglern der Wehrmacht, im Einklang mit den Anweisungen der Alliierten, geholfen hast, melde diese Soldaten sofort bei der Militärregierung an. Unterlassen der Meldung bedeutet einen Verstoß gegen die Gesetze der Militärregierung und kann mit der schwersten Strafe geahndet werden.

To the German Civilian:

If you have helped stragglers from the German army, in accordance with instructions from the Allies, report them immediately to the Military Government. Any failure on your part to do so is a crime under the laws of Military Government and may be punished by the heaviest penalty.

Deutsche Soldaten werden als Kriegsgefangene gemäß dem Genfer Abkommen gut behandelt. Sie werden sobald wie möglich nach dem Kriegsende in die Heimat zurückgeschickt.

German soldiers are treated well as Prisoners of War in accordance with the Geneva Convention. They will be sent home as soon as possible after the end of the war.

PWB 29

te, bemühten sich die Amerikaner in ihrer Zone um ein Koordinierungsorgan für administrative und wirtschaftliche Angelegenheiten, den im Oktober 1945 gegründeten »Länderrat des amerikanischen Besatzungsgebietes« mit Sitz in Stuttgart.[3] Dem Länderrat gehörten die drei Ministerpräsidenten und der Bremer Senatspräsident an, letzterer bis 14. 1. 1947 ohne Stimmrecht. Am 10. März 1947 wurde dem Länderrat als beratendes Gremium ein »Parlamentarischer Rat« zugeordnet, in den jedes Land der amerikanischen Zone sieben Abgeordnete (Bremen drei) ihres Landesparlaments als Mitglieder entsandte.[4]

»Der Länderrat stellte ein staatenbundähnliches Triumvirat ohne jede parlamentarische Kontrolle dar.«[5] Er war Koordinierungsorgan, keine Zentralregierung der amerikanischen Zone. Seine Beschlüsse wurden nach Zustimmung der Militärregierung in den Ländern getrennt in Kraft gesetzt und erhielten danach für die gesamte amerikanische Zone Gültigkeit.[6] Der Länderrat war als Ersatz- und Zwischenlösung bis zur Einrichtung einer deutschen Zentralverwaltung

Drängeln
Stossen
Schimpfen
Schlagen
überfüllte alte Wagen
ist was uns die
NAZIPEST
als ihr Erbe hinterlässt

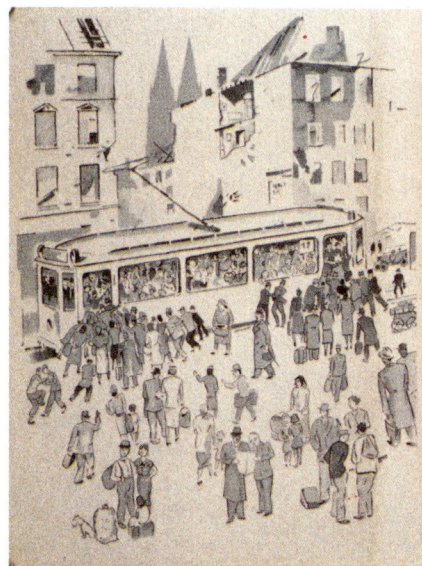

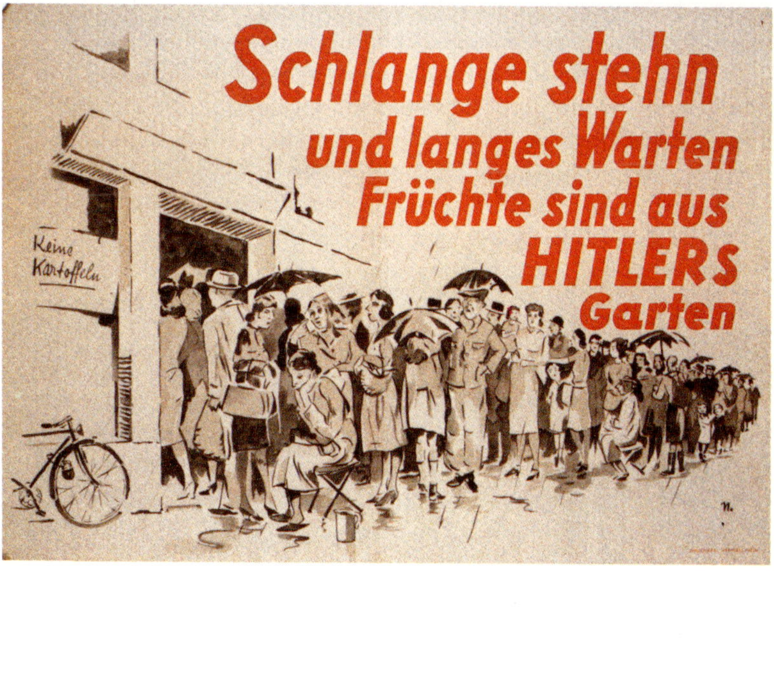
Schlange stehn
und langes Warten
Früchte sind aus
HITLERS
Garten
Keine
Kartoffeln

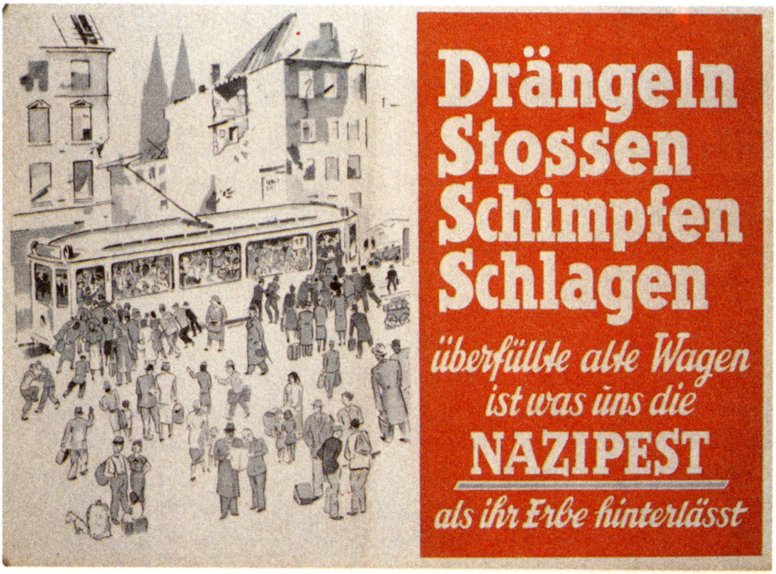

unter dem Kontrollrat gedacht. Die politische Bedeutung dieses Gremiums lag einmal in seiner gesetzgeberischen Tätigkeit und in der Koordinierung der Länderverwaltungen.

Die *britische Zone* bestand zunächst aus acht Ländern, und zwar den alten Ländern Braunschweig, Oldenburg und Schaumburg-Lippe sowie den Hansestädten Hamburg und (vorübergehend) Bremen, die ebenfalls in der Weimarer Republik Länderstatus hatten.[7] Hinzu kamen Schleswig-Holstein und Hannover, ehemals preußische Provinzen, sowie Nordrhein-Westfalen, das aus der früheren preußischen Provinz Westfalen und dem Nordteil der Rheinprovinz gebildet wurde. Bremen wurde sehr bald aus der britischen Zonenverwaltung herausgelöst und erhielt zunächst den Status einer amerikanischen Enklave, bis es Anfang 1947 Land der amerikanischen Zone wurde.

Engländer und Deutsche strebten jedoch aus verwaltungstechnischen und Gründen der politischen Zweckmäßigkeit die Zusammenlegung eines Teils dieser Länder an. Schon vor der Gründung des Landes Hannover (August 1946) war Schaumburg-Lippe im Mai 1946 dem Oberpräsidenten von Hannover unterstellt worden. Schließlich wurden Hannover, Braunschweig, Oldenburg und Schaumburg-Lippe zunächst zu einem »Gebietsrat« Niedersachsen zusammengefaßt, aus dem Anfang Dezember 1946 das gleichnamige Land hervorging. Lippe-Detmold wurde im Januar 1947 dem Land Nordrhein-Westfalen zugeschlagen. Anfang des Jahres 1947 war die Neugestaltung der Länder in der britischen Zone abgeschlossen, so daß diese jetzt aus den Ländern Schleswig-Holstein, Niedersachsen, Nordrhein-Westfalen und der Freien Hansestadt Hamburg bestand.

Auch die Engländer bemühten sich unmittelbar nach der Kapitulation um den Aufbau bzw. Erhalt deutscher Verwaltungsstellen, die sie mit politisch einwandfreien Männern besetzten. Meist waren es Politiker der Weimarer Republik, die wegen ihrer entschieden antinazistischen Haltung bekannt waren. So setzte die englische Militärregierung unter Montgomery bereits im April/Mai 1945 in ihrer Zone provisorische Landes- und Provinzialverwaltungen ein, an deren Spitze Ministerpräsidenten und Oberpräsidenten standen, in Ham-

burg einen Bürgermeister als Präsidenten des Senats.[8]
Im Gegensatz zu den Amerikanern waren die Engländer wesentlich
zurückhaltender bei der Übertragung von politischer Verantwortung
auf deutsche Behörden. In der Verordnung Nr. 57 vom 1. Dezember
1946 behielten sie sich die Kompetenzen vor, die in der Weimarer
Republik den Reichsorganen zugestanden hatten. Die Zuständigkeiten der Länderregierungen waren detailliert geregelt und festgeschrieben.

Das behutsame Vorgehen der Briten schlug sich auch auf der legislativen Ebene nieder. Die Mitglieder der ersten Landtage ihrer Zone
wurden zwar von den Parteien nominiert, aber von der Besatzungsmacht ernannt.

Zur Durchführung ihrer Politik richteten die Engländer »Zentralämter« ein, die mit deutschen Fachleuten besetzt wurden, aber von den
Weisungen der »Control Commission« abhängig waren. Die Entscheidungen der Zentralämter waren für die gesamte britische Zone
rechtswirksam. Die Zuständigkeit der Zentralämter entsprach weitgehend den klassischen Ministerressorts. Den beiden wichtigsten
Ämtern standen der Sozialdemokrat Viktor Agartz (Wirtschaft) und
der Christdemokrat Hans Schlange-Schöningen (Ernährung und
Landwirtschaft) vor.

Am 15. Februar 1946 setzte die britische Militärregierung einen Zonenbeirat mit Sitz in Hamburg ein, dem ein ständiges Sekretariat
angegliedert wurde, dem der Sozialdemokrat Gerhard Weisser als
Generalsekretär vorstand. Die zunächst 27, dann 32 Mitglieder des
Beirats waren von den Briten ernannt worden. Der Zonenbeirat
hatte nur beratende Aufgaben wahrzunehmen und war anfangs –
wie Theodor Eschenburg es formuliert hat – nicht mehr als eine
»Klagemauer«. Aber auch der beratende Einfluß war begrenzt, da
der Beirat nur einmal im Monat zusammentrat und die Briten sich oft
genug souverän über die Meinung dieses Konsultativorgans hinweg-
setzten. Dem Beirat gehörten die Minister- und Oberpräsidenten,
einige Chefs der Zentralämter, fachlich qualifizierte Persönlichkeiten, Parteien- und Gewerkschaftsvertreter (Hans Böckler) sowie Vertreter von Flüchtlings- und Verbraucherorganisationen an. Als Vertreter der wichtigsten politischen Parteien in der britischen Zone
waren Konrad Adenauer (CDU), Kurt Schumacher (SPD), Franz Blü-

Notice

The Military Government charges me to indicate to the population that rumours pretending that the Russians will occupy the territory now occupied by English troops are incorrect.

Those who invent or spread rumours will be prosecuted and severely be punished according to the laws of the British Military Government.

Wolfenbüttel, 16th July 1945.

The town mayor
Mull

Bekanntmachung

Die englische Militärregierung veranlaßt mich, die Bevölkerung darauf hinzuweisen, daß Gerüchte über eine Besetzung der englischen Besatzungszone durch russische Besatzungstruppen abwegig sind.

Gerüchtemacher oder Gerüchteverbreiter werden verfolgt und nach den Gesetzen der englischen Militärregierung streng bestraft.

Wolfenbüttel, den 16. Juli 1945.

Der Bürgermeister
Mull

Heckner, Wolfenbüttel

cher (FDP), Heinrich Hellwege (NLP) und Max Reimann (KPD) Mitglieder des Zonenbeirats. Nach den Landtagswahlen im Frühjahr 1947 bekam der Beirat durch Verordnung vom 10. Juni 1947 eine demokratische Legitimation. Seine Mitglieder wurden jetzt durch die Landesparlamente delegiert (parteipolitische Zusammensetzung: 14 SPD, 12 CDU, 4 FDP, 4 KPD, 2 DP, 2 Zentrum)[9].
Im Hinblick auf die Kompetenzen des Gremiums änderte sich dadurch nichts. Vorstöße des Zonenbeirats in Richtung auf eine parlamentarische Kontrolle der Zentralämter wurden sowohl von den Militärbehörden als auch von den Chefs der Länder abgeblockt.[10]
Im Gegensatz zu den Amerikanern verweigerten die Briten den Ländern ihrer Zone die Genehmigung, sich Verfassungen zu geben, so daß sich diese mit Organisationsstatuten bzw. »Notverfassungen« begnügen mußten.
Die unterschiedliche verfassungs- und besatzungspolitische Strategie erklärt sich aus der Tatsache, daß die Engländer keine Präjudizien im Hinblick auf eine künftige gesamtdeutsche Verfassung schaffen wollten, während die Amerikaner genau dies bezweckten.[11]
Dementsprechend wurden in der US-Zone die Verfassungen der Länder von gewählten Verfassunggebenden Landesversammlungen ausgearbeitet.

Frankreich war ursprünglich bei der Zonenaufteilung nicht berücksichtigt worden, da es seit seiner Kapitulation nicht mehr zu den kriegführenden Staaten gehörte und daher an den Kriegskonferenzen nicht beteiligt wurde. Erst nachdem es von deutscher Besetzung befreit war und wieder über eine eigene autonome Regierung in Paris verfügte, waren Anglo-Amerikaner und Sowjets auf der Konferenz von Jalta (Februar 1945) bereit, den Franzosen eine eigene Zone zuzugestehen. Da die Sowjetunion Gebietsabtretungen auf Kosten ihrer Zone strikt ablehnte, kam die *französische Zone* aufgrund einer Konzession der Briten und Amerikaner zustande, die den Franzosen Gebiete aus ihren ursprünglich abgesteckten Besatzungszonen überließen. Dementsprechend uneinheitlich und willkürlich waren auch die Grenzen der französischen Besatzungszone gezogen. Die französische Besatzungsmacht gründete in ihrer Zone die Länder Württemberg-Hohenzollern (mit der Hauptstadt Tübingen), Baden (mit Freiburg als Hauptstadt) und Rheinland-Pfalz (dessen Hauptstadt Mainz wurde). Das Saarland wurde faktisch aus der Zone herausgenommen und erhielt einen politischen Sonderstatus, da die Franzosen die Angliederung der Saar an Frankreich betrieben.

Im Vergleich zum Besatzungsregime der Briten und Amerikaner führten die Franzosen bis hinunter zu den lokalen Instanzen ein lückenloses und strenges Kontrollsystem ein, das den Spielraum der deutschen Dienststellen stark einschränkte. Darüber hinaus waren die Franzosen eifrig darauf bedacht, ihre Zone von den anderen Besatzungszonen zu isolieren und jede Aktivität zu verbieten, die in Richtung »Deutschland als Ganzes« gehen könnte. So wurde den Parteien jeglicher Bezug auf Deutschland untersagt, dies ging z. B. so weit, daß die SPD sich nur SP nennen durfte. Auch gab es keine gesamtzonalen Institutionen oder Behörden wie den Länderrat oder den Zonenbeirat.

Für Frankreich hatten seine Sicherheitsinteressen absolute Priorität. Initiativen im Alliierten Kontrollrat zur Schaffung deutscher Zentralbehörden für alle vier Besatzungszonen wurden daher von den Franzosen konsequent verhindert. Dementsprechend untersagten die französischen Militärbehörden deutschen Amtsträgern oder Behörden, in ihren Ländern sogar innerhalb ihrer Zone untereinander Kontakte aufzunehmen. Und selbstverständlich war es ihnen auch verboten, Verbindungen mit deutschen Vertretern der amerikanischen und britischen Zone anzuknüpfen. Die Ministerpräsidenten der französischen Zone erhielten erst im April 1948 die Erlaubnis zu einem ersten offiziellen Treffen.

Ebenso erschwerten die Franzosen Parteikontakte über die Zonengrenzen hinaus, Kurt Schumacher durfte z. B. bis 1947 nicht in die französische Zone einreisen.

Die *sowjetische Zone* umfaßte das Gebiet der heutigen DDR. Die sowjetische Militäradministration bildete aus den ehemaligen Ländern Thüringen, Sachsen, Mecklenburg und fünf preußischen Provinzen bzw. Provinzteilen die fünf neuen Länder Mecklenburg, Brandenburg, Sachsen-Anhalt, Sachsen und Thüringen (die Länder wurden 1952 in 14 Bezirke umgewandelt).

NOTICE

The population is informed, that by order of the Commander of the American Occupation Army the undersigned

Otto Gerber

has been appointed First Mayor of the city of Erfurt. By this special appointment he carries on the administration of the city of Erfurt.

The main task of the board of administration will be, to secure the supply of electric light and water fort the population and to repair any irregularities still existing.

It is of urgent necessity, to clear up the rubbish from the streets and lanes so as to avoid epidemic diseases. The population therefore must quickly do everything to open the thoroughfares. Bomb craters must not be filled up.

Appartements that were left by the tenants and are unoccupied now, must immediately be reported by the house owner to the housing board, Schlösserstrasse 15/17.

These lodgings will be visited by an official of this service for the purpose of further usage. At the same time an inquiry will be made for any quantities of potatoes still in stock in these appartements and cellars. These potatoes shall be handed over to those persons, who have not got potatoes. I expect, that the people, who dispose of a sufficient amount of potatoes will help their fellow citizens, who have no stock.

From this date no motor car is allowed to circulate without a special authorisation executed by the First Mayor, because unlicensed driving must be stopped in any case. This special driving license, in case of urgent want, may be demanded at the board of economical affairs Reglerring 6. People are allowed to go to neighbouring villages only at a distance of 6 km (measured from the city centre).

The offices issuing the certificates for the supply of goods are not opened fort the next fortnight. These offices are open for enrolling the names of the persons, who were members of the NSDAP., SA., ᛋᛋ, Volkssturm and Wehrmacht.

The Commander of the Occupation Army hase made provisions for preventing any looting. Police patrols have been started. The population therefore can go on doing their normal work. The factories however cannot yet be opened at present.

Unemployed people have at once to report at the board of employment Göbenstraße 18.

Erfurt, April 16 th. 1945

Otto Gerber
First Mayor of the City of Erfurt

Bekanntmachung

Die Bevölkerung wird davon unterrichtet, daß auf Anordnung des Kommandeurs der amerikanischen Besatzungsbehörde der unterzeichnete

Otto Gerber

zum Oberbürgermeister der Stadt Erfurt ernannt worden ist. Er führt im Auftrage der Besatzungsbehörde die Geschäfte der Stadtverwaltung Erfurt. Es wird zunächst Aufgabe der Stadtverwaltung sein, die Versorgung der Bevölkerung mit elektrischem Licht und Wasser sicherzustellen und, soweit sie noch nicht in Ordnung ist, mit der größten Beschleunigung in Ordnung zu bringen.

Notwendig ist vor allem, die Straßen und Gänge von dort lagerndem Schutt zu beseitigen, damit Seuchen vermieden werden. Die Bevölkerung muß deshalb schleunigst alles daran setzen, daß die Straßen wieder frei werden. Vorhandene Bombentrichter dürfen jedoch nicht zugeschüttet werden.

Die Wohnungen, die von der Bevölkerung verlassen sind, und deshalb unbenutzt sind, sind sofort vom Hauseigentümer an das Wohnungsamt, Schlösserstr. 15/17, zu melden. Diese Wohnungen werden wegen der weiteren Verwendung von Beauftragten des Wohnungsamts besichtigt werden. Dabei wird gleichzeitig festgestellt, ob in diesen Wohnungen oder den Kellern noch Kartoffelbestände vorhanden sind. Sie sollen an solche Personen abgegeben werden, die keine Kartoffeln haben. Dabei spreche ich die Erwartung aus, daß die Bevölkerung, die genügend Kartoffelvorräte besitzt, solchen Mitbürgern, die keine Bestände haben, helfen wird.

Es darf von jetzt an kein Kraftfahrzeug ohne besondere Genehmigung des Oberbürgermeisters fahren, weil das wilde Umherfahren unter allen Umständen unterbunden werden muß. Diese Genehmigung kann im Bedarfsfalle im Wirtschaftsamt, Reglerring 6, nachgesucht werden. Weiter wird darauf hingewiesen, daß Orte außerhalb Erfurts nur in einer Entfernung bis zu 6 Kilometer (von der Stadtmitte aus gerechnet) aufgesucht werden dürfen.

Die Bezugsscheinstellen des Wirtschaftsamts sind vorläufig für zwei Wochen geschlossen. Sie sind nur zur Entgegennahme der Anmeldungen über die Zugehörigkeit zur bisherigen Nationalsozialistischen Deutschen Arbeiterpartei, zur SA, zur ⚡⚡, zum Volkssturm und zur Wehrmacht geöffnet.

Der Kommandeur der Besatzungsbehörde hat Maßnahmen ergriffen, um jegliche Plünderungen zu unterbinden. Polizeistreifen laufen ab sofort. Die Bevölkerung kann deshalb in Ruhe wieder ihrer Beschäftigung nachgehen. Allerdings kann vorläufig in den Fabriken noch nicht gearbeitet werden.

Arbeitslose müssen sich sofort beim Arbeitsamt, Göbenstr. 18, melden.

In aller Kürze erscheint eine Zeitung, in der auch die amtlichen Bekanntmachungen veröffentlicht werden, auf welche die Bevölkerung hiermit hingewiesen wird.

Erfurt, den 16. April 1945

Otto Gerber
Oberbürgermeister der Stadt Erfurt

Amtliche Bekanntmachung
Nr. 16

An alle Einwohner
der Stadt Erfurt!

Am gestrigen Tage sind Truppen der Roten Armee in die Stadt Erfurt einmarschiert.

Ich habe den Oberbürgermeister Otto Gerber mit der Weiterführung der zivilen Stadtverwaltung beauftragt und folgendes befohlen:

„Das Zivil- und Wirtschaftsleben nimmt wie bisher seinen Verlauf. Alles bleibt an der aufbauenden Arbeit. Den Anordnungen des Oberbürgermeisters und seinen Polizeiorganen ist unbedingt Folge zu leisten. Die deutsche Zivilpolizei, unterstützt durch Truppen der Roten Armee, hat die volle Polizeigewalt über die gesamte Zivilbevölkerung, einschließlich aller Angehörigen fremder Nationen (außer Russen)".

Erfurt, den 4. Juli 1945

Der Stadtkommandant
Major Kislakow

Bereits im Juli 1945 hatte die SMAD 11 zentrale »Deutsche Verwaltungen« als Koordinierungsstellen oberhalb der Länderverwaltungen eingesetzt. In der Zeit vom 1. bis 15. September 1946 wurden in der sowjetischen Zone Gemeindewahlen durchgeführt. Aus ihnen ging die SED (die durch den Zusammenschluß von SPD und KPD entstanden war) zwar mit 57,1 % der Stimmen im Gesamtergebnis als Sieger hervor, die beiden bürgerlichen Parteien LDP und CDU, die etwa gleichauf lagen, konnten aber immerhin 39,9 % der Stimmen auf sich vereinigen.[12]

Bei den Landtagswahlen vom 20. Oktober 1946 lag der Anteil der SED-Stimmen – bei einer über 90 %igen Wahlbeteiligung – zwischen 43,5 % in Brandenburg und 49,5 % in Mecklenburg. LDP und CDU konnten im Vergleich zu den Gemeindewahlen, wo sie organisatorische Startnachteile hatten, Stimmen gewinnen. Die CDU schnitt am besten in Mecklenburg mit 34,1 % der Stimmen ab, die LDP hatte ihr bestes Wahlergebnis in Sachsen-Anhalt, wo sie 29,9 % der Stimmen auf sich vereinen konnte. In Sachsen-Anhalt erzielten die beiden bürgerlichen Parteien sogar die absolute Mehrheit mit 51,8 % der Wählerstimmen. Hier stellte die LDP mit Professor Hübener auch den einzigen bürgerlichen Ministerpräsidenten. Im Länderdurchschnitt kam die von der Konkurrenz durch die SPD befreite SED bei den Landtagswahlen auf 47,5 %, die CDU auf 24,5 % und die LDP auf 24,6 % der Wählerstimmen.[13]

Faktisch war das Stärkeverhältnis der Parteien nahezu bedeutungslos, da die bürgerlichen Parteien im Rahmen der »antifaschistisch-demokratischen« Bündnispolitik den Führungsanspruch der SED in den gebildeten Allparteienregierungen anerkennen mußten. Um die Jahreswende 1946/47 wurden von den Landtagen Landesverfassungen ausgearbeitet und verabschiedet.

Zwar hatte es im Gründungsaufruf der KPD vom 11. Juni 1945 noch geheißen, daß es nicht darum ginge, Deutschland das Sowjetsystem aufzuzwingen, tatsächlich wurde aber unter dem Schutz der sowjetischen Bajonette ein radikaler gesellschaftlicher Umwälzungsprozeß eingeleitet, der mit der Gründung der DDR im wesentlichen abgeschlossen war.

2. Gründung der Parteien

Ursprünglich wollten die Siegermächte politische Parteien erst am
Ende einer längeren Periode des demokratischen Aufbaus von unten
zulassen. Zu dieser gemeinsamen Strategie kam es nicht, da die
sowjetische Militärregierung noch vor der Potsdamer Konferenz am
10. Juni 1945 in ihrem Befehl Nr. 2 die »Bildung und Tätigkeit aller
antifaschistischen Parteien« erlaubte. Einen Tag später wurde die
KPD, am 15. 6. die SPD, am 26. 6. die CDU(D) und am 5. 7. 1945 die
Liberal-Demokratische Partei Deutschland LDP(D) gegründet.
Im Gegensatz zu den Westzonen handelte es sich hierbei um Parteigründungen von oben, da der organisatorische Unterbau noch fehlte, die zentralen Führungsgruppen in Berlin aber vorhanden waren.
Die SMAD verfolgte mit diesem Schritt im wesentlichen taktische
Ziele. Die Parteizentralen sollten sich in Berlin niederlassen und den
politischen Führungsanspruch für alle vier Zonen erheben. Die sowjetischen Militärbehörden erhofften sich, in dieser wichtigen Aufbauphase der Parteien, noch vor dem Einzug der Westalliierten in
Berlin, Einfluß auf deren Kurs nehmen zu können.
Den Westalliierten paßte das Vorpreschen der Sowjets nicht in ihr
längerfristig angelegtes Konzept eines demokratischen Aufbaus von
unten nach oben, der zunächst auf der Gemeindeebene beginnen
sollte. Wohl oder übel mußten sie nachziehen, wenn sie gegenüber
den Deutschen nicht ihr Gesicht verlieren wollten. In der amerikanischen und britischen Zone erfolgte die Zulassung (Lizenzierung) von
Parteien in einem dreistufigen Prozeß von unten nach oben, der im
August/September 1945 auf der Gemeindeebene begann und Anfang 1946 auf zonaler Ebene abgeschlossen wurde.

Verordnung Nr. 12

Bildung von politischen Parteien.

Um das Wachstum eines demokratischen Geistes in Deutschland zu fördern und um das Abhalten freier Wahlen an einem noch zu bestimmenden Zeitpunkt vorzubereiten, wird folgendes verordnet:

ARTIKEL I
Bildung von politischen Parteien.

1. Politische Parteien können auf einer Kreisgrundlage gemäss den hierin enthaltenen Bestimmungen gebildet werden.
2. Die Militärregierung kann einen Zusammenschluss der im Rahmen dieser Verordnung gebildeten Parteien in grösseren Gebieten unter Erlassung von besonderen Bestimmungen und Bedingungen gestatten.
3. Die Mitgliedschaft zu politischen Parteien muss freiwillig sein.

ARTIKEL II
Form des Antrages.

4. Jede Person oder jede Gruppe von Personen, die den Wunsch hat, eine politische Partei für einen Kreis zu gründen, kann einen Antrag an die Militärregierung auf Genehmigung zur Bildung einer solchen Partei stellen. Solche Anträge müssen von den Antragstellern unterzeichnet werden. Die folgenden Schriftstücke sind beizufügen:
   a) Ein Entwurf der Satzungen und Richtlinien für die vorgeschlagene politische Partei;
   b) Ein ihre Ziele und Zwecke umfassendes Programm;
   c) Eine Liste der Namen und Anschriften der zu bestimmten Ämtern vorgeschlagenen Personen unter Angabe des von jeder Person zu bekleidenden Amtes;
   d) Eine Erklärung über die Finanzierung der Partei;
   e) Eine Erklärung über die Höhe des von jedem Mitgliede zu zahlenden Beitrages.
5. Wenn zwei oder mehrere im Rahmen dieser Verordnung gebildete politische Parteien aus verschiedenen Kreisen einen Zusammenschluss wünschen, um eine Partei für ein grösseres Gebiet zu bilden, können sie bei der Militärregierung einen Antrag auf Genehmigung des Zusammenschlusses stellen. Solche Anträge müssen von dem Vorsitzenden oder einem anderen Vorstandsmitgliede jeder Partei unterzeichnet werden. Die in dem vorhergehenden Absatze dieses Artikels aufgeführten Schriftstücke sind beizufügen mit einer Erklärung, die darlegt, wie die Ansichten jeder Partei festgestellt wurden.
6. Eine Mitteilung über die Genehmigung, sei es zur Bildung einer Partei oder eines Zusammenschlusses, wird den Antragstellern von der Militärregierung zugestellt werden. Diese Genehmigung (nachstehend Militärregierungsgenehmigung genannt) wird schriftlich erlassen werden und wird die Vorschriften und Bedingungen enthalten, unter welchen die politische Partei gebildet wird, oder der Zusammenschluss erfolgen kann. Weder die Bildung noch der Zusammenschluss politischer Parteien können vor der Erteilung der Militärregierungsgenehmigung wirksam werden.
7. Die Erteilung einer Militärregierungsgenehmigung gemäss dieser Verordnung schliesst nicht die Befugnisse ein, politische Versammlungen ohne eine Genehmigung gemäss der Verordnung Nr. 10 abzuhalten, oder öffentliche Umzüge ohne die Genehmigung gemäss der Verordnung Nr. 11 zu veranstalten.

ARTIKEL III
Grundlegende Änderungen.

8. Wenn eine politische Partei es wünscht, folgendes zu ändern:
   a) die Satzungen oder Richtlinien; oder
   b) die Ziele und Zwecke ihres Programms; oder
   c) die Finanzierung der Partei; oder
   d) die Höhe des von jedem Mitgliede zu zahlenden Beitrages oder eine Änderung in der Zusammensetzung des Parteivorstandes vorzunehmen,

   muss ein Antrag an die Militärregierung gestellt werden. Dieser Antrag muss von den Vorsitzenden oder einem Vorstandsmitgliede der Partei unterzeichnet werden. Er muss Einzelheiten über die vorgeschlagenen Änderungen oder Wechsel enthalten und darüber, in welcher Weise die Ansichten der Parteimitglieder hierüber ermittelt wurden. Keine der vorstehenden Änderungen oder Wechsel kann vor der schriftlichen Erlaubnis der Militärregierung wirksam werden. Diese Erlaubnis wird ein Bestandteil der Militärregierungsgenehmigung der Partei bilden und muss ihr beigefügt werden.

ARTIKEL IV
Unterbreitung von Berichten.

9. Alle politischen Parteien, denen eine Militärregierungsgenehmigung erteilt worden ist, müssen der Militärregierung am oder vor dem 1. Januar 1946 und danach halbjährlich einen Bericht mit folgenden Einzelheiten unterbreiten:
   a) eine Darlegung über die seit der Gründung oder dem vorhergehenden Berichte unternommene Tätigkeit;
   b) eine finanzielle Aufstellung mit Angabe aller Einkünfte; der Gesamtbetrag aller Beiträge und anderer Bezüge sowie die Hauptposten und Gesamtbeträge aller Ausgaben seit der Gründung oder seit dem vorhergehenden Berichte;
   c) eine Liste der Namen und Anschriften der Vorstandsmitglieder und die Mitgliederzahl der Partei zu dem Zeitpunkte des Berichtes.

10. Jede politische Partei eines Kreises muss eine genaue und vollständige Liste der Namen und Anschriften der Mitglieder führen. Diese Liste muss jederzeit der Militärregierung zur Einsicht zur Verfügung stehen. Die Anwendung dieser oder einer ähnlichen Bestimmung auf Parteien für grössere Gebiete, die durch Zusammenschluss von Kreisparteien gebildet worden sind, wird in der den Zusammenschluss zulassenden Militärregierungsgenehmigung im einzelnen festgelegt werden.

ARTIKEL V
Aufhebung deutscher Gesetze.

11. Alle Bestimmungen deutscher Gesetze, die seit dem 30. Januar 1933 erlassen worden sind und die
   a) die Bildung politischer Parteien verbieten oder einschränken; oder
   b) wegen einer vor dem 30. Januar 1933 zulässigen politischen Betätigung oder der Teilnahme an einer solchen Strafen auferlegen; oder
   c) das Vermögen politischer Parteien oder deren Mitglieder der Beschlagnahme aussetzen,

   sind hiermit innerhalb des Britischen Kontrollgebietes aufgehoben.

ARTIKEL VI
Strafen.

12. Jeder, der
   a) sei es als Mitglied einer politischen Partei oder sonst an einer politischen Tätigkeit teilnimmt, die als Zweck hat oder geeignet ist:
      I. die Autorität der Militärregierung zu untergraben; oder
      II. Zwietracht unter den Alliierten Mächten zu säen; oder
      III. Krieg oder Militarismus zu verherrlichen oder vorzubereiten; oder
      IV. das Naziregime wieder herzustellen oder ein ähnliches Regime einzusetzen; oder
      V. benachteiligende Unterschiede gegen eine Person oder Gruppe von Personen auf Grund ihrer Rasse, Farbe, Staatsangehörigkeit oder ihres Glaubensbekenntnisses einzuführen; oder
   b) der als Mitglied einer politischen Partei an einer politischen Tätigkeit teilnimmt, deren Absicht oder Bestreben es ist, andere politische Ziele und Zwecke zu erreichen, als die in dem von der Militärregierung genehmigten ursprünglichen oder geänderten Parteiprogramm enthaltenen,

   setzt sich — falls ein Gericht der Militärregierung ihn schuldig findet — jeder gesetzlichen Strafe einschliesslich der Todesstrafe aus.

13. Jeder, der
   a) an der Tätigkeit einer politischen Partei teilnimmt oder sie fördert, für deren Gründung oder Zusammenschluss keine Militärregierungsgenehmigung erteilt worden ist (abgesehen von der zur Vorbereitung eines Antrages auf Erteilung einer Genehmigung notwendigen Vorarbeit); oder
   b) an der Tätigkeit einer politischen Partei teilnimmt oder sie fördert und es unterlässt, die Vorschriften und Bedingungen der Militärregierungsgenehmigung zu befolgen; oder
   c) als Mitglied oder Angestellter einer politischen Partei es unterlässt, zu bewirken, dass die Vorschriften und Bedingungen der Militärregierungsgenehmigung befolgt werden, oder dass die nach Artikel IV dieser Verordnung erforderlichen Berichte rechtzeitig und sachlich richtig unterbreitet werden, oder dass (wo eine derartige Vorschrift anwendbar ist) vollständige und genaue Listen der Namen und Anschriften der Mitglieder geführt werden; oder
   d) sei es als Mitglied oder Angestellter einer politischen Partei oder nid f, Einzelheiten, Darlegungen, Listen oder andere Schriftstücke, die unrichtig sind, für die Einfügung in einen Bericht nach Artikel IV erforderlichen Bericht vorbereitet oder unrichtige Auskünfte erteilt zu dem Zwecke ihrer Beifügung zu einem solchen Berichte; oder
   e) Drohungen, Zwangsmittel oder unbefugten Einfluss anwendet zum Zwecke der Werbung oder Beibehaltung von Mitgliedern einer politischen Partei,

   setzt sich — falls ein Gericht der Militärregierung ihn schuldig findet — jeder gesetzlichen Strafe ausschliesslich der Todesstrafe aus.

ARTIKEL VII
Begriffsbestimmung.

14. Eine „Politische Partei" ist jede Gruppe von Personen, die zusammen arbeiten, um ein gemeinsames politisches Ziel zu erreichen.

ARTIKEL VIII
Zeitpunkt des Inkrafttretens.

15. Diese Verordnung tritt am 15. September 1945 in Kraft.

Im Auftrage der Militärregierung.

Die französischen Militärbehörden entschlossen sich im Dezember 1945 als letzte Besatzungsmacht, politische Parteien zuzulassen. Allerdings lizenzierten sie nur auf Kreis- und Länderebene, für die gesamte Zone wurden keine Parteiorganisationen genehmigt. Es kam also nicht von ungefähr, wenn aus dem Südwesten kaum Einflüsse auf die Entwicklung der Parteien in den Westzonen ausgingen. Mit der offiziellen Lizenzierung wurden im Grunde Entwicklungen formal bestätigt, die schon bald nach Kriegsende auf vielen lokalen Ebenen eingeleitet wurden. Hier hatten sich nach der Besetzung durch alliierte Truppen politische Gruppierungen zusammengefunden, bestehend aus ehemaligen Mitgliedern der Weimarer Parteien und engagierten Deutschen, die sich am demokratischen Wiederaufbau beteiligen wollten. Diese lokalen Gründerkreise, die zunächst völlig unabhängig voneinander programmatische Grundsatzarbeit leisteten, versuchten bald – soweit es unter den damaligen Umständen möglich war –, überörtliche Kontakte zu ideologisch Gleichgesinnten herzustellen.

Im großen und ganzen entsprachen die Parteigründungen in allen vier Zonen den ideologischen Grundlagen und der Tradition des deutschen Parteiensystems, wie es sich seit dem 19. Jahrhundert ausgebildet hatte. Von regionalen Entwicklungen und Besonderheiten abgesehen, wurde durch die Lizenzierungspolitik der Alliierten ein viersäuliges Parteiensystem (wieder)geschaffen, das den prägenden ideologischen Strömungen des Sozialismus, Liberalismus und Konservativismus verhaftet war.

Lediglich dem politischen Katholizismus ist es längerfristig nicht gelungen, eine eigenständige parteipolitische Interessenvertretung durchzusetzen (die Gründung des Zentrums blieb Episode).

Als Arbeiterparteien wurden Sozialdemokraten und Kommunisten lizenziert, während im bürgerlichen Lager Liberale und Christdemokraten ihre Zulassungsgenehmigung erhielten (Vier-Parteien-Modell).

»Der Einfluß des Lizenzierungszwanges in den ersten Nachkriegsjahren darf bei der Beurteilung der Struktur des deutschen Parteiensystems nach 1945 nicht unterschätzt werden. Die Alliierten gingen bei der Zulassung von Parteien von sehr schablonenhaften Vorstellungen der deutschen Geschichte aus. Sie waren außerdem sorgsam

Wieder Herr

im eigenen Hause werden!

Wir wollen uns doch nichts vormachen: wir sind es heute nicht, und wir waren es nicht seit 1933.
Weder in den kleinen, noch in den großen Dingen haben wir in den 12 Jahren Hitler-Herrschaft selbst entscheiden können.

Und

Was unsere Kinder mit ihrer Freiheit anfingen —
Welche Rundfunksender wir einstellen durften —
Welche Arbeit wir leisten sollten —

Ob wir aufrüsten, ob wir Krieg anfangen, andere Völker
überfallen, andere Länder besetzen sollten oder nicht ———

Alles das hat da oben Hitlers Pack entschieden. Sie konnten es, weil 12 Millionen Naziwähler mithalfen, sie
zur Macht zu bringen, und weil viele Millionen mehr ihnen Jahr um Jahr ihr „Ja" gegeben haben.

DESHALB verfluchen uns jetzt die Mütter von zwanzig Nationen, deren Söhne durch deutsche Kugeln gefallen, deren
Häuser durch deutsche Bomben vernichtet sind.

DESHALB liegt heute jeder zehnte Deutsche im Massengrab oder im Krüppelheim.

DESHALB sind unsere Städte zerstört, unsere Fabriken lahmgelegt, unsere Reichskassen geleert.

DESHALB hungern wir, DESHALB frieren wir, DESHALB haben Millionen kein Heim,

und DESHALB haben wir fremde Truppen im Land, werden von Ausländern regiert und stehen unter Kuratel . . . weil
kein Vertrauen zu uns haben.

Die Völker mißtrauen uns, weil wir uns mißbrauchen ließen, weil wir Hitler für uns entscheiden ließen, statt unsere Geschicke in
unsere eigenen Hände zu nehmen.

Kopf in den Sand stecken hilft gar nichts. Frei sein, uns selbst regieren werden wir erst dann, wenn wir bewiesen haben, daß
uns kein Hitler mehr mißbrauchen kann.

Hitler nahm uns nicht nur das Recht, über Krieg und Frieden zu entscheiden. Er entschied auch über Haus und Hof. Auch heute
haben wir nicht das Recht, über Deutschland zu entscheiden.

Aber die Besatzungsmacht will, daß wir selbst bestimmen, wie es in Stadt und Land aussehen soll. Freie Regierung ist der erste
Schritt zum freien Deutschland.

Von vorn müssen wir anfangen mit dem Selbstverwalten und dem Selbstregieren — von unten auf.

Im nächsten Jahr wird gewählt werden in den Gemeinden, sobald die Umstände es erlauben. Darauf müssen wir uns vorbereiten.

ABER: Regierung durch das Volk heißt nicht nur Stimmvieh spielen.

Der ist kein guter Bürger

Der hilft nicht sich und Deutschland, der alle Jubeljahre einmal „wählt" und sich sonst überhaupt nicht darum
kümmert, wie es in seinem Dorf und seiner Stadt aussieht.

Wenn wir uns selbst regieren wollen
— und wir müssen es wollen, um ein neues Drittes Reich zu vermeiden —

dann müssen wir selbst Hand anlegen, müssen uns kümmern. Arbeite mit in der Gemeinde, mach Vorschläge
und hilf sie mit verwirklichen. Es gibt genug zu tun:

Kümmerst Du Dich darum, wie Deine Kinder in der Schule erzogen werden?

Kümmerst Du Dich darum, ob die Kranken, die Schwachen und die Alten versorgt werden?

Kümmerst Du Dich darum, daß die Gemeindefinanzen richtig verwendet werden, daß es Arbeit gibt?

Kümmerst Du Dich darum, daß die Lebensmittel gerecht verteilt werden, daß Dein Nächster ein Bett und
ein Dach hat?

Da fängt es an mit dem Selbstregieren! Da wirst Du gebraucht! Da hilf mit!

Natürlich, es kann nicht ein jeder zum Rathaus laufen. Es wird nichts draus, wenn jeder nur in seine eigene Richtung zerrt. Der
einzelne ist nicht immer stark genug; Zusammenschluß mit Gleichgesinnten ist nötig und sichert erst den Erfolg. Die politischen
Parteien, die jetzt in allen Kreisen wieder erstehen, sind Sammelbecken für die Bürger, denen das Gemeindewohl am Herzen,
nicht nur im Munde liegt.

Schließ Dich einer Partei an, informiere Dich politisch — — arbeite mit, hilf mit

es gibt nur diesen einen Weg zur Freiheit

bedacht, keine Gruppen zuzulassen, deren Standort sich nicht aufgrund historischer Erfahrungen festlegen ließ. So wurden manche Ansätze erstickt, die sich bei den deutschen politischen Kräften infolge gemeinsamer Erfahrungen in der Emigration oder in der Untergrundarbeit gegen das Dritte Reich geformt hatten.«[14] Für die Alliierten bedeutete die »Restauration« des alten Parteienmusters – nur die CDU/CSU paßte als echte Neugründung nicht in dieses Schema – eine gewisse Orientierungssicherheit in einer Phase vieler Unwägbarkeiten. Von der »Versäulung« der vier Hauptparteien versprachen sich die Alliierten eine bessere Übersicht, aber auch stärkere Kontrollmöglichkeiten; zugleich wollten sie damit auch einer erneuten Parteienzersplitterung à la Weimar einen Riegel vorschieben.

3. Die ersten Wahlen als Demokratietest

Nach der Zulassung politischer Parteien lag es für die Besatzungsmächte nahe, den ersten demokratischen Test der Bevölkerung in
Form von Wahlen zu wagen. Auch hier beschränkte man sich zunächst auf die untere Ebene.

In der *amerikanischen Zone* wurden Kommunalwahlen im Januar
1946 in Gemeinden bis zu 20 000 Einwohnern durchgeführt. Die
Wahlbeteiligung war bei dieser ersten freien Wahl seit 1933 mit
85 % erstaunlich hoch.[15] Im April folgten die Wahlen zu den Kreista-
gen, und im Mai wurden auch in den größeren Städten Wahlen
durchgeführt (in der britischen und französischen Zone wurde erst
im September/Oktober 1946 auf Gemeinde- und Kreisebene gewählt).
Durch den Ausgang der Kommunal-, Kreistags- und Stadtkreiswah-
len ermutigt, setzten die amerikanischen Besatzungsbehörden für
den 30. Juni 1946 – also noch vor den Gemeindewahlen in der
britischen und französischen Zone – Wahlen zu den Verfassunggebenden Landesversammlungen von Bayern, Hessen und Württemberg-Baden an (Bremen wählte erst am 12. Oktober 1947). Diese
ersten Wahlen auf Länderebene waren ein wichtiger Seismograph
für die Bereitschaft der Bevölkerung zur politischen Beteiligung und
für das Stärkeverhältnis der politischen Parteien. Die Wahlbeteiligung lag zwischen 67,5 % in Baden-Württemberg und 77,5 % in
Bayern. Auf Zonenebene ging die CDU bzw. CSU mit 48,7 % der
Stimmen als stärkste Partei aus den Wahlen zu den Verfassunggebenden Landesversammlungen hervor, wobei das gute Gesamter-

gebnis vor allem durch die hohen Stimmengewinne der CSU in
Bayern (58,3 %) bedingt war. Die SPD erreichte auf Zonenebene
33,8 %, sie konnte nur in Hessen stärkste Partei werden (44,3 %).[16]
In Hessen und Bayern wurde die KPD drittstärkste politische Kraft
(mit 9,7 bzw. 5,3 %), allerdings weit abgeschlagen von den beiden
führenden Parteien CDU und SPD. In Württemberg-Baden, einer
traditionell liberalen Hochburg, erhielt die DVP als dritte Kraft
19,5 % der Wählerstimmen (KPD: 10,2 %).

Schon die Wahlen zu den Verfassunggebenden Landesversammlungen zeigten einen deutlichen Konzentrationsprozeß auf die beiden
Hauptparteien CDU und SPD, auf die 83 % aller abgegebenen Stimmen entfielen. Liberale bzw. Kommunisten konnten sich erst mit
deutlichem Abstand als dritte Kraft behaupten. Vor allem der KPD
gelang es nicht, ihre Stimmenanteile der Weimarer Reichstagswahlen wieder zu erreichen (bestes Wahlergebnis bei Reichstagswahlen
16,8 %).

In Bayern wurde die traditionelle Vier-Parteien-Fächerung durch die
Kandidatur der WAV aufgebrochen, einer Art populistischen Sammlungsbewegung, die in der Bevölkerung tief verwurzelte antiparlamentarische Ressentiments zu wecken suchte. Sie brachte es auf
5,1 % der Wählerstimmen und war damit etwa doppelt so stark wie
die FDP (2,5 %).

Mit den Volksabstimmungen über die neuen Länderverfassungen
erfolgten im November und Dezember 1946 zugleich die Wahlen zu
den ersten Landtagen in der US-Zone. Sie brachten leichte parteipolitische Kräfteverschiebungen mit sich, die sich vor allem in bezug
auf eine größere Annäherung der Stimmanteile von CDU/CSU und
SPD auswirkten. Darüber hinaus verbuchten die Liberalen, die inzwischen organisatorisch Tritt gefaßt hatten, Stimmengewinne und etablierten sich als dritte Kraft, wie das Gesamtergebnis für die US-
Zone zeigt[17]:

Mitbürger!

Am kommenden Sonntag wählt Frankfurts Bürgerschaft zum ersten Mal seit 13 Jahren wieder in freier und gleicher Wahl eine

Stadtverordnetenversammlung

Männer und Frauen Frankfurts!

Damit ist Euch nicht nur ein Recht, sondern auch eine Pflicht gegeben. Zeigt der Welt durch möglichst

vollständige Beteiligung an dieser Wahl

daß Ihr gewillt seid, Euere neue staatsbürgerliche Freiheit zu gebrauchen und damit den ersten Schritt zu einem Wiederaufbau Deutschlands in freiheitlichem Geiste zu tun! Steht nicht verbittert oder uninteressiert abseits! Jeder Wahlberechtigte

entscheidet

mit durch seine Stimme über die Fragen in der Gemeinde, die alle angehen, insbesondere den Wiederaufbau der Stadt. Niemand, der seiner Wahlpflicht nicht genügt, kann sich über Mängel und Mißstände beklagen.

Es wird zwar nicht möglich sein, in wenigen Jahren die furchtbaren Folgen des totalen deutschen Zusammenbruchs zu überwinden. Aber je

überlegter und verantwortungsbewußter

jeder einzelne durch seine Anteilnahme am gemeinen Ganzen den Willen zum Wiederaufbau bekundet, desto leichter wird es sein, in absehbarer Zeit wieder jedem das Notwendigste an Nahrung, Kleidung, Wohnung, Krankenhilfe und Arbeit zu sichern. Nur wenn das Ausland eine allgemeine

Bereitwilligkeit unseres Volkes zu eigener freiheitlicher Lebensgestaltung und opferbereitem Aufbau

feststellt, wird es gewillt sein, uns Erleichterungen und Hilfe zu gewähren. Auf diese Hilfe aber sind wir angewiesen; ohne sie können wir uns weder ernähren, noch bekleiden, noch unsere zerstörten Häuser wiederherstellen.

Wahlfähige Männer und Frauen Frankfurts

geht am Sonntag zur Wahlurne!

Frankfurt a. M., den 21. Mai 1946

Der Oberbürgermeister

Dr. Kurt Blaum

Gesamtergebnis der Landtagswahlen von November/Dezember
1946 in der US-Zone

CDU/CSU	42,7 %
SPD	33,4 %
Liberale	11,6 %
KPD	8,2 %
WAV	3,7 %
DP	0,1 %

Als Ergebnis der Landtagswahlen entstanden demokratisch legitimierte Regierungen, die die ernannten Kabinette ablösten. In Bayern
wurde Wilhelm Hoegner (SPD) durch Hans Ehard (CSU) abgelöst,
der eine Koalition aus CSU/SPD und WAV bildete, die aber schon
im September 1947 auseinanderbrach. In Hessen folgte auf Karl
Geiler Christian Stock (SPD) als Ministerpräsident, der Chef einer
großen Koalition aus SPD und CDU wurde. In Württemberg-Baden
blieb Reinhold Maier (DVP) als Chef einer Allparteienregierung Ministerpräsident.
Nach der Schaffung des Landes Bremen als viertem Land der US-
Zone kam es dort am 12. Oktober 1947 zur Bürgerschaftswahl, aus
der die SPD als Sieger mit einem Stimmenanteil von 41,7 % hervorging (CDU: 22 %, BDV: 13,9 %, KPD: 8,8 %, FDP: 5,5 %). In Bremen
blieb Wilhelm Kaisen Präsident des Senats.

In der *britischen Zone* fanden Wahlen zunächst auf kommunaler
Ebene im September/Oktober 1946 statt. Im Oktober 1946 wurde
auch die erste Bürgerschaft in Hamburg gewählt. Aus dieser Wahl
ging die SPD mit 43,1 % der Stimmen als Sieger hervor.
In den großen Flächenstaaten Niedersachsen, Nordrhein-Westfalen
und Schleswig-Holstein fanden die ersten Landtagswahlen am
20. April 1947 statt. Damit konnten die von der Besatzungsmacht
ernannten Landtage durch demokratisch legitimierte Volksvertretun-
gen ersetzt werden. Die Wahlbeteiligung lag in der britischen Zone
unter 70 % und war damit im Durchschnitt deutlich geringer als in
der amerikanischen Zone. Lediglich Hamburg konnte bei der Wahl
zur ersten Bürgerschaft mit 79 % eine sehr hohe Wahlbeteiligung
aufweisen.

In Niedersachsen konnte die SPD mit 43,4 % der Stimmen die CDU, die auf einen Stimmenanteil von 19,9 % kam, deutlich überrunden. Dritte Kraft wurde die NLP (später DP), die auf 17,9 % der Stimmen kam. FDP, Zentrum und KPD lagen jeweils unter 10 %.

In Nordrhein-Westfalen wurde dagegen die CDU mit 37,5 % der Stimmen vor der SPD (32,0 %) stärkste Partei. Mit 14 % erzielte die KPD ihr zweitbestes Wahlergebnis nach dem Kriege (Baden 14,3 %) und wurde damit in Nordrhein-Westfalen zur drittstärksten Partei, gefolgt vom Zentrum (9,8 %) und der FDP (5,9 %).

Auch in Schleswig-Holstein ging die SPD (43,8 %) mit deutlichem Abstand zur CDU (34,1 %) als Sieger aus der Landtagswahl hervor. Drittstärkste Partei wurde die Südschleswigsche Vereinigung (SSV, später SSW) mit 9,3 % als Partei der dänischen Minderheit, die für eine Grenzrevision zugunsten Dänemarks eintrat, mit dieser Forderung aber weder in Kopenhagen noch in London offizielle Zustimmung fand. FDP (5 %) und KPD (4,7 %) schafften den Sprung in das Landesparlament nicht.

Im Gegensatz zur amerikanischen Zone kamen die Sozialdemokraten im Gesamtergebnis der britischen Zone auf den ersten Platz, wie die folgende Tabelle zeigt[18]:

Gesamtergebnis der Landtagswahlen vom 20. April 1947 in der britischen Zone:

SPD	37,2 %
CDU	31,7 %
KPD	10,4 %
Liberale	7,5 %
Zentrum	6,4 %
NLP	4,8 %

Auch in der britischen Zone kam es aufgrund der Wahlergebnisse zu Um- und Neubildungen der Landesregierungen. In Niedersachsen blieb Hinrich Wilhelm Kopf (SPD) Ministerpräsident einer Allparteienregierung. In Nordrhein-Westfalen wurde Rudolf Amelunxen, der Mitglied des Zentrums war, durch Karl Arnold (CDU) abgelöst, der sich dem gewerkschaftlich orientierten Linkskatholizismus verbunden fühlte. Arnold wurde Ministerpräsident einer Koalition aus CDU, SPD, Zentrum und KPD. In Hamburg wurde schon nach den

Bürgerschaftswahlen im Oktober 1946 Adolph Schönfelder (SPD) durch Max Brauer (SPD) als Erster Bürgermeister abgelöst. Brauer wurde Chef einer Koalition aus SPD und FDP.

Auch in der *französischen Zone* begann die politische Beteiligung der Bevölkerung auf der untersten demokratischen Ebene. Die Gemeinde- und Kreistagswahlen wurden (zeitgleich mit der britischen Zone) im September/Oktober 1946 abgehalten. Im Mai 1947 konnten auch in Baden, Württemberg-Hohenzollern und Rheinland-Pfalz die Landtage gewählt werden. Zugleich wurden Volksabstimmungen über die Länderverfassungen durchgeführt.

In Baden, wo die Wahlbeteiligung annähernd 68 % erreichte, ging die BCSV (Badisch Christlich-Soziale Volkspartei, im Januar 1948 in CDU umbenannt) mit großem Abstand (55,9 %) zur SP(D) (22,4 %) als Sieger hervor. Die Demokratische Partei (im April 1948 in FDP umbenannt) kam auf 14,3 % der Stimmen. Die KP(D) erhielt 7,4 % der Wählerstimmen.

In Württemberg-Hohenzollern konnte die CDU bei einer Wahlbeteiligung von 66 % 54,2 % der Stimmen auf sich vereinigen, die SPD erhielt 20,8 % der Stimmen, und die Liberalen (DVP) wurden mit 17,7 % fast so stark wie die Sozialdemokraten. Die Kommunistische Partei erzielte 7,3 % der Wählerstimmen.

In Rheinland-Pfalz (Wahlbeteiligung 78 %) ging fast jede zweite Wählerstimme an die CDU (47,2 %), an die SP(D) nur etwa jede dritte (34,3 %). Die Liberaldemokratische Partei gewann 9,8 % der Stimmen, die Kommunisten kamen auf 8,7 %.

Das Gesamtergebnis der Landtagswahlen in der französischen Zone lautete wie folgt[19]:

Gesamtergebnis der Landtagswahlen vom September/Oktober 1946 in der französischen Zone:

CDU	50,4 %
SPD	29,1 %
Liberale	12,3 %
KPD	8,1 %

Nach den Landtagswahlen kam es in den Ländern der französischen Zone teilweise zu Regierungsumbildungen und neuen Koalitionen. In

Baden wurde die Allparteienregierung durch eine BCSV/SP(D)-Koalition unter, wie es dort hieß, Staatspräsident Wohleb abgelöst. In Württemberg-Hohenzollern bildete Staatspräsident Dr. Lorenz Bock (CDU) eine CDU-SPD-DVP-Koalition. In Rheinland-Pfalz formierte Ministerpräsident Peter Altmeier (CDU) zunächst eine Allparteienregierung mit Beteiligung der Kommunisten.

Bemerkenswert ist, daß die CDU auch dort, wo sie die absolute Mehrheit der Stimmen erhielt, Koalitions- oder sogar Allparteienregierungen bildete. »Die Parteien hielten aber angesichts der deutschen Notlage die Zeit für noch nicht gekommen und auch das Maß der den Ländern zugestandenen legislativen und exekutiven Zuständigkeiten für zu begrenzt, um in den Landtagen eine klare politische Konfrontation von Regierung und Opposition vorzunehmen.«[20] Darüber hinaus dürfte auch die von den Besatzungsmächten begründete Tradition der ernannten Allparteienregierungen und ihr Wunsch, den Parteienzwist nicht zu früh ausbrechen zu lassen, als Überlegung eine Rolle gespielt haben. So entsprach die Aufnahme der KPD in die Kabinette weniger dem eigenen als dem Wunsch der Besatzungsmächte.

Wenn auch die beiden Hauptkonkurrenten CDU und SPD bei den einzelnen Landtagswahlen in den Westzonen teilweise mit klarem Abstand voneinander aus den Wahlen hervorgingen, so hoben sich diese Unterschiede auf der Dreizonenebene nahezu auf, wie die folgende Tabelle zeigt[21]:

Gesamtergebnis der Landtagswahlen 1946 in den drei Westzonen (ohne Berlin und Saarland):

CDU/CSU	37,7 %
SPD	35,0 %
Liberale	9,5 %
KPD	9,4 %
Z	3,4 %
NLP/DP	2,6 %

Eine Sonderstellung bei den Wahlen nahm Berlin ein. Bei den Stadtverordnetenwahlen am 20. Oktober 1946 für Groß-Berlin nahm neben der SPD auch die SED teil, da die Westberliner Sozialdemokraten den Zusammenschluß mit der KPD abgelehnt hatten. Es waren die einzigen Gesamtberliner freien Wahlen, in denen die SED mit der SPD und den bürgerlichen Parteien konkurrieren mußte. Bei einer Wahlbeteiligung von 92,3 % erhielt die SPD 48,7 %, die CDU 22,2 % und die LDP 9,3 % der Stimmen. Die SED lag mit 19,8 % weit unter ihren Ergebnissen bei den Landtagswahlen in der sowjetischen Zone, die am selben Tag stattfanden.

4. Kurswechsel der Amerikaner und Gründung der Bizone

Das Jahr 1946 brachte eine Wende in der amerikanischen Deutschlandpolitik, nachdem Washington klar geworden war, daß das auf der Potsdamer Konferenz vereinbarte Ziel der wirtschaftlichen Einheit Deutschlands nicht zu realisieren war. Auf der Pariser Außenministerkonferenz (25. April bis 12. Juli 1946) hatten die Amerikaner die drei anderen Besatzungsmächte aufgefordert, die wirtschaftliche Isolierung der Zonen zu überwinden und wenigstens auf diesem Gebiet ein gewisses Maß an Einheitlichkeit und Einheit zu schaffen. Außenminister James F. Byrnes formulierte die amerikanische Haltung so: »Wir können Deutschland nicht auf unbegrenzte Zeit in vier luftdichte(n) Kammern verwalten.« Die französische Zustimmung erhofften die Amerikaner durch Zugeständnisse in der Saarfrage zu gewinnen. Aber weder Frankreich noch die UdSSR waren für die amerikanischen Vorschläge zu gewinnen, die vier Zonen wirtschaftlich zu vereinigen. Lediglich die Briten standen den amerikanischen Plänen aufgeschlossener gegenüber, da sie sich von dieser Maßnahme eine Verbesserung der allgemeinen Lebensverhältnisse in ihrer Zone und damit auch eine finanzielle Entlastung des britischen Budgets erhofften.

Eine separate Weststaatslösung lag den Amerikanern zu diesem Zeitpunkt noch fern. Ihnen ging es in erster Linie um die Verwirklichung der Potsdamer Beschlüsse zur wirtschaftlichen Einheit Deutschlands.[22] Die Stuttgarter Rede des amerikanischen Außenministers Byrnes am 6. September 1946 war kein Kurswechsel, aber ein klares Signal im Hinblick auf die Behandlung des Deutschlandproblems. Zu diesem Zeitpunkt war bereits zu erkennen, daß im bevor-

stehenden Winter katastrophale Ernährungs- und Energieprobleme anstehen würden, die die Besatzungszonen nicht aus eigener Kraft bewältigen könnten. An die Adresse der UdSSR und Frankreich gewandt, führte Byrnes u. a. aus:
»Die Vereinigten Staaten sind der festen Überzeugung, daß Deutschland als Wirtschaftseinheit verwaltet werden muß, und daß die Zonenschranken, insofern sie das Wirtschaftsleben und die wirtschaftlichen Betätigungen in Deutschland betreffen, vollständig fallen müssen. Die Schranken zwischen den vier Zonen Deutschlands sind weit schwieriger zu überwinden als die zwischen normalen und unabhängigen Staaten. Die Zeit ist gekommen, wo die Zonengrenzen nur als Kennzeichnung der Gebiete angesehen werden sollten, die aus Sicherheitsgründen von den Streitkräften der Besatzungsmächte besetzt gehalten werden und nicht als eine Kennzeichnung für in sich abgeschlossene wirtschaftliche oder politische Einheiten.«[23] Weiter sprach Byrnes davon, daß das amerikanische Volk wünsche, »dem deutschen Volk die Regierung Deutschlands zurückzugeben« und ihm zu einem »ehrenvollen Platz unter den freien und friedliebenden Nationen der Welt« zu verhelfen.[24]
Nachdem die UdSSR und Frankreich auf das amerikanische Angebot nicht eingingen, einigten sich Briten und Amerikaner auf eine wirtschaftliche Vereinigung ihrer beiden Zonen. Am 2. Dezember 1946 unterzeichneten die Außenminister Byrnes und Bevin das Abkommen über die Zusammenlegung ihrer Besatzungszonen, das am 1. Januar 1947 in Kraft treten sollte. Damit war die sogenannte Bizone geschaffen. Beide Zonen sollten »in allen wirtschaftlichen Angelegenheiten als ein einziges Gebiet behandelt werden«. Diesem Abkommen war am 3. September 1946 eine Vereinbarung zwischen den Militärgouverneuren Clay und Robertson vorausgegangen, die die Einrichtung von fünf Verwaltungsstellen für die Bizone vorsah. Dabei wurde jeder Eindruck vermieden, das gemeinsame Wirtschaftsgebiet in irgendeiner Form staatsrechtlich aufzuwerten oder gar eine Zweiteilung Deutschlands herbeizuführen. Aus diesem Grunde wurden die fünf gemeinsamen Verwaltungen nicht in einer Stadt konzentriert, was verwaltungstechnisch sinnvoll gewesen wäre, sondern in fünf verschiedenen Orten der Bizone untergebracht. Die wichtigste Behörde, das Amt für Wirtschaft, hatte seinen Sitz in

Minden. Das Amt für Ernährung und Landwirtschaft war in Stuttgart untergebracht, für Finanzen in Bad Homburg, für Post in Frankfurt und für Verkehr in Bielefeld. Die aus Gründen der Funktionsfähigkeit und Effizienz gebotene Konzentration der Verwaltungsämter in einer Stadt wurde bewußt vermieden, um dieser nicht die Qualität einer Quasi-Hauptstadt zu verleihen, was den Anglo-Amerikanern den Vorwurf des Separatismus hätte einbringen können.

An der Spitze der fünf Ämter stand ein Verwaltungsrat, der zunächst aus den sechs Fachministern der Bizone gebildet wurde. Im Frühjahr wurden die Gremien um je zwei Vertreter aus Hamburg und Bremen erweitert.[25]

Allerdings waren der Handlungsfähigkeit und Effizienz dieser Behörden Grenzen gesetzt. Ein besonderes Handicap war die »unklare Kompetenzabgrenzung zwischen den fünf Verwaltungen, das Fehlen einer übergreifenden, koordinierenden deutschen Instanz und das ungeregelte Verhältnis der bizonalen Ämter zu den zonalen sowie zu den Einrichtungen der anderen Länder«.[26] Eine parlamentarische Kontrolle dieser Ämter fehlte noch völlig. Eine weitere Erschwernis der Arbeit lag darin, daß die Beschlüsse der Ämter erst durch entsprechende Gesetze und Verordnungen der Länder rechtswirksam wurden. Bei Konflikten wurde ein alliierter Zwei-Mächte-Rat eingeschaltet.[27] Die von deutscher Seite wiederholt vorgetragenen organisatorischen Mängelrügen und Änderungsvorschläge stießen bei den Militärbehörden zunächst auf wenig Gegenliebe, obwohl man auch hier durchaus die Schwächen der Zwei-Zonen-Ämter erkannt hatte. Diese hatten sich nicht zuletzt angesichts der gravierenden Versorgungsmängel im Katastrophenwinter 1946/47 (im März/April 1947 war es im Ruhrgebiet zu Streiks und Hungermärschen gekommen) offenbart. Die von den Initiatoren der Bizone gesetzten Erwartungen konnten diese jedenfalls nicht erfüllen.

Engländer und Amerikaner zögerten zunächst mit einer grundsätzlichen Umstrukturierung der Zwei-Zonen-Verwaltung, deren Notwendigkeit und Dringlichkeit ihnen durchaus bewußt war, die der Bizone eine staatsähnliche Qualität gegeben hätte. Allen Verantwortlichen war klar, daß eine politische Aufwertung der Bizone durch eine Quasi-Regierung und parlamentarische Gremien die ohnehin schon geringen Hoffnungen auf eine Vier-Mächte-Überein-

kunft zur Lösung des Deutschlandproblems weiter reduzieren
würden.

Diese anglo-amerikanischen Bedenken wurden nach dem Scheitern
der Moskauer Außenministerkonferenz (10. März bis 24. April 1947)
gegenstandslos. Der Hauptstreitpunkt der Konferenz war die Repa-
rationsfrage und die Kontrolle des Ruhrgebiets. Die Forderung der
UdSSR nach deutschen Reparationsleistungen in Höhe von 10 Milliarden Dollar, die innerhalb von 20 Jahren vor allem aus der laufenden Produktion gedeckt werden sollten, sowie nach einer Vier-
Mächte-Kontrolle des Ruhrgebiets wurde von westlicher Seite abgelehnt. Der Fehlschlag der Moskauer Konferenz beschleunigte den
Umorientierungsprozeß der amerikanischen Politik und machte den
Weg frei für neue Lösungen, die allerdings separate Entwicklungen
in einem westlichen und östlichen Einzugsbereich als unvermeidbar
hinnahmen.

Schon einen Monat nach der gescheiterten Außenministerkonferenz
unterzeichneten Amerikaner und Briten – die Deutschen wurden
nicht befragt – am 29. Mai das »Abkommen über Neugestaltung der
zweizonalen Wirtschaftsstellen«. Damit hatte die zweite, wesentlich
effektivere Phase der Bizonenverwaltung begonnen. Mit der organisatorischen Umstrukturierung war eine Lockerung der alliierten
Kontrollmechanismen (vor allem durch die britische Militärregierung) und eine Parlamentarisierung der Bizonenverwaltung verbunden. Die gesamte Verwaltung der Bizone wurde jetzt in Frankfurt
am Main konzentriert, eine wesentliche Voraussetzung, um ihre
Wirksamkeit zu steigern. Ein Wirtschaftsrat, ein Exekutivausschuß
(später Exekutivrat) und fünf Direktoren waren die Organe, die an
den (wirtschafts-)politischen Entscheidungsprozessen beteiligt
waren.

Der Wirtschaftsrat setzte sich zunächst aus 54 Mitgliedern zusammen; er wurde aber bald auf 52 reduziert. Gewählt wurden sie von
den acht Länderparlamenten aus ihren Reihen nach dem Stärkeverhältnis der Fraktionen. Damit war ein erster Schritt in Hinblick auf
eine Parlamentarisierung der Entscheidungsprozesse in der Bizone
getan. Dem Wirtschaftsrat stand das Recht der Gesetzgebung und
das Kontrollrecht gegenüber den Verwaltungsämtern zu. Die verabschiedeten Gesetze standen freilich noch unter dem Genehmigungs-

vorbehalt der beiden Militärregierungen. Die Abgeordnetensitze im Wirtschaftsrat verteilten sich auf die Parteien wie folgt[28]:

Zusammensetzung des Wirtschaftsrates:

SPD	20
CDU/CSU	20
Liberale	4
KPD	3
NLP (DP)	2
Zentrum	2
WAV	1
	52

Zum Präsidenten des Wirtschaftsrates wurde Dr. Erich Köhler, ein Kandidat der CDU/CSU, gewählt, der später erster Bundestagspräsident werden sollte. Sein Stellvertreter wurde Georg August Zinn (SPD), später lange Jahre Ministerpräsident von Hessen.

Bei der Wahl der fünf Direktoren zeichneten sich bereits die künftigen Koalitionen ab. Die SPD hatte Anspruch auf das Direktorium für Wirtschaft erhoben, die CDU wollte ihr aber nur das Direktorium für Verkehr überlassen, da fast alle Wirtschaftsressorts in den Ländern von SPD-Ministern besetzt waren. Die beiden führenden Parteien hatten selbstverständlich klar erkannt, wie wichtig gerade diese Position für die künftigen wirtschaftspolitischen Weichenstellungen war. Die CDU/CSU – hier entstand ihre Fraktionsgemeinschaft – konnte mit den Stimmen der Liberalen und der NLP ihre Kandidaten für alle Direktorenposten durchsetzen.[29]

Wirtschaft: Dr. Johannes Semler
Ernährung, Landwirtschaft und Forsten:
Dr. Hans Schlange-Schöningen
Finanzen: Dr. Alfred Hartmann
Verkehr: Prof. Edmund Frohne
Post und Fernmeldewesen: Hans Schuberth

Im Exekutivrat kam das föderative Element zum Ausdruck: Jede der acht Landesregierungen war in diesem Gremium durch ein ständiges Mitglied vertreten. Der Exekutivrat konnte im Wirtschaftsrat Gesetze einbringen und Kandidaten für die Direktorenwahl vor-

Deutschlands
EINHEIT
ist Deutschlands Zukunft

Gegen Föderalismus und Separatismus!

Alle ähnlichen Vorschläge entspringen derselben Einstellung einer Vernichtung und Agrarisierung Deutschlands

Aus der Erklärung **MOLOTOW**s auf der Pariser Konferenz

schlagen; zugleich sollte er die Verwaltungen beaufsichtigen und die Amtsführung der Direktoren koordinieren.[30]

Es sollte sich jedoch sehr bald herausstellen, daß auch in dieser zweiten Phase der Bizonenverwaltung Kompetenzkonflikte und Funktionsmängel unvermeidbar waren. Vor allem auf dem Gebiet der Lebensmittelversorgung scheiterten die Planungen am Egoismus der Länder und ihnen nachgeordneter Stellen. Dieser sowohl von alliierter als auch von deutscher Seite als reformbedürftig befundene organisatorische Zustand führte sehr schnell zu einer Umgestaltung und Weiterentwicklung der bizonalen Institutionen. Beschleunigt wurde dieses Vorhaben durch das Scheitern der Londoner Außenministerkonferenz im Dezember 1947 und durch die entschlossene Politik der Truman-Administration, die sterile Patt-Situation im Hinblick auf eine Vier-Mächte-Einigung der Deutschlandfrage zu überwinden.

Die zügige Weiterentwicklung der Bizone zu einem staatsähnlichen Gebilde und die konsequente Durchsetzung eines amerikanischen Konzepts im Hinblick auf die deutsche Frage ist auch als Ergebnis der globalen Eindämmungsstrategie (containment policy) gegenüber dem als weltweite Bedrohung empfundenen Kommunismus zu sehen. Die veränderte weltpolitische Situation Ende des Jahres 1947 war schließlich ausschlaggebend für die dritte Phase der bizonalen Wirtschaftsverwaltung. Sie begann offiziell am 9. Februar 1948. Im Vorfeld der anglo-amerikanischen Entscheidung waren diesmal deutsche Politiker und Amtsträger konsultiert worden. Optisch am augenfälligsten war die Verdoppelung der Abgeordneten im Wirtschaftsrat von 52 auf 104 Mitglieder, wobei das Kräfteverhältnis der Fraktionen sich nicht veränderte.

Als neues föderatives Organ wurde der Länderrat geschaffen, in den jedes Land zwei Vertreter entsandte. Die Direktoren der Verwaltungsämter (jetzt Verwaltungen genannt) wurden in einen Verwaltungsrat zusammengefaßt, der unter dem Vorsitz eines Oberdirektors stand. Außerdem wurde ein Obergericht als eine Art Verfassungsgericht des Vereinigten Wirtschaftsgebiets geschaffen, das bei Verfassungs- und Kompetenzstreitigkeiten tätig werden sollte und als Revisionsinstanz bei allen Rechtsstreitigkeiten zuständig war.[31] Im Hinblick auf die zu erwartende Währungsreform und die Marshallplan-Hilfe wurde eine Zentralbank – die Bank Deutscher Länder (Länder-Union-Bank) – gegründet, die allerdings nicht in die Bizonen-Verwaltung einbezogen wurde.

In den Grundzügen entsprach das »politische System« des Vereinigten Wirtschaftsgebietes dem verfassungsrechtlichen Aufbau der späteren Bundesrepublik.

Zum Oberdirektor wählte der Wirtschaftsrat Hermann Pünder, der Nachfolger Adenauers als Oberbürgermeister von Köln geworden war. Als langjähriger Chef der Reichskanzlei in der Weimarer Republik verfügte er über die für dieses Amt wichtige Verwaltungserfahrung. Pünder war von Adenauer zur Kandidatur gedrängt worden, weil er in ihm keinen Rivalen für seine eigenen politischen Ambitionen sah. In das wichtigste Ressort, zum Direktor der Verwaltung für Wirtschaft, wurde der damals noch parteilose Ludwig Erhard gewählt. Seine Kandidatur war vor allem von der FDP unterstützt worden. Erhard trat konsequent für das Ziel einer baldigen Währungsreform als Voraussetzung für die Gesundung der Wirtschaft ein.

Der Bruch zwischen den Siegermächten auf der Londoner Konferenz Ende des Jahres 1947 hatte vor allem die Amerikaner in ihren Überlegungen bestärkt, notfalls auch ohne Einbindung der UdSSR und ihrer Zone einen westlichen Alleingang in ihrer Machtsphäre zu unternehmen. Der sich verschärfende Ost-West-Konflikt beschleunigte vor allem amerikanische Überlegungen, das ökonomische und möglicherweise auch militärische Potential der drei Zonen in den westlichen Block zu integrieren. Das Angebot der Marshallplanhilfe an die Deutschen konnte aber nur einen Sinn haben, wenn diese in die Lage versetzt wurden, den wirtschaftlichen Aufbau selbst vorzunehmen.

Nach der ersten Sechs-Mächte-Konferenz (23. Februar bis 5. März 1948) zwischen den USA, Großbritannien, Frankreich und den Benelux-Staaten gab Frankreich seine Obstruktionspolitik auf und ebnete damit den Weg von der Bi- zur Trizone. Vor allem anglo-amerikanische Zugeständnisse im Hinblick auf den wirtschaftlichen Anschluß der Saar an Frankreich und die internationale Kontrolle des Ruhrgebiets hatten Frankreich zur Aufgabe seiner starren Haltung bewogen.

Auf der Londoner Konferenz einigten sich die beteiligten Staaten grundsätzlich auf die Gründung eines westdeutschen Teilstaates. Während der zweiten Phase der Londoner Konferenz (20. April bis 2. Juni 1948) wurde über die grundsätzliche politische und verfassungsrechtliche Struktur eines künftigen westdeutschen Staates Einigung unter den teilnehmenden sechs Mächten erzielt. Das Resultat ihrer Beratungen faßten sie in drei Dokumenten zusammen, die die drei Militärgouverneure Clay, Robertson und Koenig am 1. Juli 1948 in Frankfurt den Ministerpräsidenten der Westzonen überreichten. Sie waren eine Art Richtlinie für das weitere Vorgehen der Deutschen und bestanden aus drei Kernforderungen: Die wichtigste autorisierte die Ministerpräsidenten, bis spätestens zum 1. September 1948 eine Verfassunggebende Versammlung einzuberufen, die eine demokratische Verfassung auf föderalistischer Grundlage ausarbeiten sollte. Das zweite Dokument betraf die Neugliederung der Länder, während das dritte die alliierten Vorbehalte und Rechte in Form eines Besatzungsstatuts festhielt.

Bereits eine Woche nach der Überreichung der Frankfurter Dokumente trafen sich die Ministerpräsidenten bei Koblenz, um die Vorschläge vom 8. bis zum 10. Juli zu beraten. Diesem Treffen waren eingehende Beratungen mit den führenden Köpfen der politischen Parteien vorausgegangen. Das Dilemma, das in dem alliierten Angebot zur Gründung eines westdeutschen Teilstaates lag, war den Politikern aller Parteien nur zu gut gegenwärtig. Eine Weigerung, auf die Bedingungen der Frankfurter Dokumente einzugehen, hätte eine Verlängerung der politischen Unmündigkeit und der wirtschaftlichen Schwierigkeiten bedeutet, ohne daß sich eine gesamtdeutsche Lösung abgezeichnet hätte. Die Chancen für die Wiedererrichtung eines gesamtdeutschen Nationalstaates waren auf dem Höhepunkt des Ost-West-Konflikts geringer denn je. Vor allem sah man die Gefahr, daß die Gründung eines westdeutschen Separatstaates die faktische politische Teilung Deutschlands auch staatsrechtlich besiegeln würde. So kam es den Ministerpräsidenten vor allem darauf an, die Qualität des Weststaates als Provisorium herunterzuspielen, das nur bis zu einer gesamtdeutschen Lösung Bestand haben sollte. Dementsprechend wollte man die »demokratische Legitimation für das Grundgesetz des neuen Staates möglichst schwach halten«.[32]

In ihrem Antwortschreiben an General Clay vom 10. Juli 1948 betonten die Ministerpräsidenten, daß »unbeschadet der Gewährung möglichst vollständiger Autonomie an die Bevölkerung dieses Gebietes, alles vermieden werden müßte, was dem zu schaffenden Gebilde den Charakter eines Staates verleihen würde; sie sind darum der Ansicht, daß auch durch das hierfür einzuschlagende Verfahren zum Ausdruck kommen müßte, daß es sich lediglich um ein Provisorium handelt...«[33] Deshalb wollten die Ministerpräsidenten die Verfassung nicht von einer Verfassunggebenden Nationalversammlung, sondern von einem Parlamentarischen Rat ausarbeiten lassen. Auch auf einen Volksentscheid wollte man verzichten, denn dieser »würde dem Grundgesetz ein Gewicht verleihen, das nur einer endgültigen Verfassung zukommen sollte«.[34]

Die Arbeit des Parlamentarischen Rates wurde durch ein Expertengremium, den Verfassungskonvent von Herrenchiemsee, vorbereitet, der vom 10. bis 23. August einen entsprechenden Entwurf ausarbeitete.

Am 1. September 1948 traten die 65 Abgeordneten des Parlamentarischen Rates in Bonn zu einer ersten Sitzung zusammen, um die Beratungen über das Grundgesetz aufzunehmen. Die Väter der Verfassung waren von den Länderparlamenten unter Berücksichtigung der Fraktionsstärke delegiert worden. Die Sitze verteilten sich wie folgt auf die Parteien:

Zusammensetzung des Parlamentarischen Rates der Westzonen:

CDU/CSU	27
SPD	27
FDP	5
Z	2
DP	2
KPD	2
	65

Zum Präsidenten des Parlamentarischen Rates wurde Konrad Adenauer, Vorsitzender der CDU in der britischen Zone, und zum Vorsitzenden des Hauptausschusses Carlo Schmid (SPD) gewählt. Der Präsident des Parlamentarischen Rates war der offizielle Gesprächspartner der Militärgouverneure. Adenauer nutzte seine Position sehr geschickt aus, um sich in der Öffentlichkeit zu profilieren und als künftiger Regierungschef darzustellen.[35]

Nach intensiven Beratungen wurde das Grundgesetz am 8. Mai 1949, auf den Tag vier Jahre nach der bedingungslosen Kapitulation, mit 53 Ja-Stimmen bei 12 Gegenstimmen angenommen. Nachdem die Landtage, mit Ausnahme des bayerischen, dem das föderalistische Prinzip nicht konsequent genug ausgestaltet war, das Grundgesetz ratifiziert hatten, trat es am 23. Mai 1949 in Kraft. Vier Jahre nach dem Ende des Krieges hatte damit ein Teil der Deutschen auf einem Teilgebiet des ehemaligen Deutschen Reiches eine Chance bekommen, sein politisches Geschick zumindest teilweise – es gab noch Einschränkungen der Souveränität – wieder in die Hand zu nehmen. Am 14. August 1949 fanden Wahlen zum ersten deutschen Bundestag statt. Aus ihnen ging die CDU/CSU mit 31 % der Stimmen als stärkste Partei hervor, dicht gefolgt von der SPD, die es auf 29,2 % der Wählerstimmen brachte. Die FDP erhielt 11,9 % und die KPD 5,7 % der Stimmen. Erstaunlich hoch war die Wahlbeteiligung von 78,5 %. Sie signalisierte, daß der großen Mehrheit der Bevölkerung die Bedeutung dieser Wahl für die künftigen politischen Weichenstellungen sehr bewußt gewesen sein muß. Die Arbeit des Parlamentarischen Rates war dagegen auf wesentlich geringeres politisches Interesse gestoßen. So hatten seinerzeit 33 % der Bevölkerung bekundet, nur wenig und 40 % überhaupt nicht an der Ausarbeitung des Grundgesetzes interessiert zu sein.[36]

Aufgrund der damals noch weniger scharf gefaßten Wahlrechtsbestimmungen waren im ersten Bundestag, der sich am 7. September 1949 konstituierte, 10 Parteien und drei unabhängige Abgeordnete vertreten. Am 15. September wurde Konrad Adenauer mit nur einer Stimme Mehrheit zum ersten Bundeskanzler gewählt. Adenauer bildete eine bürgerliche Koalition aus CDU/CSU, FDP und DP. Die SPD, die sich reale Chancen ausgerechnet hatte, aus den Wahlen als stärkste Kraft hervorzugehen, mußte sich mit der Rolle der Opposition begnügen. Damit hatte die Ära Adenauer begonnen, die 15 Jahre die innen- und außenpolitischen Geschicke der Bundesrepublik bestimmen sollte.

Bereits einen Monat nach der Gründung der Bundesrepublik, am 7. Oktober 1949, wurde auf dem Gebiet der sowjetischen Zone die

Deutsche Demokratische Republik gegründet. Damit war die Spaltung Deutschlands in zwei Staaten, die sich künftig immer stärker in die ihnen zugehörigen Machtblöcke integrieren sollten, vollzogen. Die Entstehung zweier deutscher Staaten war die Konsequenz einer langjährigen Entwicklung nach dem Kriege, die vor allem durch den zunehmenden Interessengegensatz der Siegermächte und die Konfrontationspolitik zwischen der UdSSR und den USA als führender westlicher Macht, bestimmt war. Beide deutsche Staaten sind im Grunde ein Produkt des Kalten Krieges.

Sieger und Besiegte

»Wir kommen als ein siegreiches Heer,
aber nicht als Unterdrücker.«

Die Haltung der Siegermächte – vor allem der westlichen – gegenüber den Deutschen war durch eine merkwürdige Ambivalenz ge-
kennzeichnet. Sie war im Kern bereits in der Proklamation Nr. 1 des
Oberbefehlshabers der Alliierten Streitkräfte, General Dwight D.
Eisenhower, angelegt, in der es hieß:
»Wir kommen als ein siegreiches Heer, aber nicht als Unterdrücker.«
Die Behandlung der Deutschen war zunächst durch die Auffassung
bestimmt, daß diese das NS-System ermöglicht und bis zum bitteren
Ende unterstützt hätten und daher die Konsequenzen für ihr politisches Fehlverhalten und die daraus entstandene weltweite Katastro-
phe zu tragen hätten. Mitleid mit ihrem Schicksal oder unangemes-
sene Milde galten daher als unangebracht. Die Deutschen sollten
die Folgen ihrer Unterstützungsbereitschaft für das NS-Regime zu
spüren bekommen. Vor allem nachdem das gesamte Ausmaß der
NS-Verbrechen in den Konzentrationslagern bekannt geworden war,
verstärkte sich diese Einstellung bei den Siegern. Die Formel von der
Kollektivschuld der Deutschen prägte zunächst den Umgang zwischen Siegern und Besiegten. Ausdruck dieser kollektiven Schuldzu-
weisung war das Fraternisierungsverbot der Anglo-Amerikaner. In
der sowjetisch besetzten Zone gab es dagegen keine vergleichbaren
Bestimmungen.
Bereits einige Wochen vor Kriegsende hatte die britische Armee
ihren Soldaten ausdrücklich verboten, mit dem Feind zu fraterni-
sieren:
»Die Offiziere und Mannschaften ... haben auf den Straßen, in Häu-

Plündern
wird mit dem
Tode bestraft!

Im Auftrage der Militärregierung.

Il saccheggio sara punito con la pena di morte.

Per ordine del governo militare.

Rabowanie grozi kara smierci.

Wzastapieniu rzadu wojennego.

Le pillage est puni de peine de mort.

Par odre du Gouvernement Militaire.

Grabegh: ghilisch, magasinow strogo wosprechaetsy. Kto ne qodchinyetsy neset smertnii schtraf.

S astuplleniem woennoi wlasti.

sern, Cafés, Filmtheatern usw. sich den deutschen Männern, Frauen und Kindern fernzuhalten. Ein Kontakt mit der Bevölkerung ist nur im dienstlichen Verkehr gestattet. Jede Art des persönlichen Umgangs hat zu unterbleiben. Ich wünsche keine gegenseitigen Besuche, keine Teilnahme an sozialen Veranstaltungen, kein Händeschütteln.«[1]

Feldmarschall Montgomery gab den Deutschen in der britischen Zone in einer Botschaft vom 10. Juni 1945 eine Begründung für die Berührungsangst der Briten:

»Ihr habt Euch oft gewundert, warum unsere Soldaten Euch gar nicht beachten, wenn Ihr ihnen zuwinkt oder auf der Straße ›Guten Morgen‹ wünscht, und warum sie nicht mit Euren Kindern spielen. Unsere Soldaten handeln gemäß ihrem Befehl. Ihr habt dieses Verhalten nicht gern. Auch unsere Soldaten nicht, da wir von Natur aus ein freundliches und entgegenkommendes Volk sind... Wir sind ein christliches Volk, das gern vergibt, und wir lächeln gern und sind gern freundlich. Es ist unser Ziel, das Übel des nationalsozialistischen Systems zu zerstören. Es ist zu früh, um sicher sein zu können, daß dieses Ziel erreicht ist. Dies sollt Ihr Euren Kindern vorlesen, wenn sie alt genug sind, und zusehen, daß sie es verstehen. Erklärt ihnen, warum englische Soldaten sich nicht mit ihnen abgeben!«

Doch schon vier Wochen nach dieser »persönlichen Botschaft« Montgomerys wurde das Fraternisierungsverbot von Briten und Amerikanern entschärft. So hieß es am 14. Juli in einem Tagesbefehl Montgomerys an seine Truppe:

»Ihr könnt Euch jetzt mit den Deutschen in den Straßen und in den öffentlichen Lokalen in Gespräche einlassen. Dagegen dürft Ihr sie nicht in ihren Häusern besuchen und auch nicht zulassen, daß sie die von Euch benutzten Räume betreten, ausgenommen in dienstlichen Angelegenheiten.«[2]

Am 7. August 1945 teilte Montgomery wiederum in einer »persönlichen Botschaft« auch der deutschen Bevölkerung die modifizierten Umgangsregeln mit:

»Ich habe die Bestimmungen des Umgangsverbots gelockert. Angehörigen der britischen Truppenteile ist es jetzt gestattet, sich auf Straßen und in öffentlichen Räumen mit der deutschen Bevölkerung zu unterhalten. Das wird uns die Möglichkeit geben, Fühlung mit Ihnen aufzunehmen und Ihre Probleme leichter zu verstehen.«[3]

Am 15. Juli 1945 hatte auch General Eisenhower eine Abschwächung des Fraternisierungsverbots mit folgenden Worten angekündigt:

»Aufgrund der raschen Fortschritte, die bei der Entnazifizierung und der Ausschaltung führender Anhänger des Nationalsozialismus von

MILITARY GOVERNMENT—GERMANY
Supreme Commander's Area of Control

NOTICE

Surrender of Firearms, Ammunition, Weapons, Carrier Pigeons and Radio Sending Equipment

ARTICLE I

Notice is hereby given that all firearms including shotguns, ammunition and explosives, and all other weapons, of any kind, must be surrendered immediately:

To_____

At_____

ARTICLE II

Notice is hereby given that all wireless transmission sets and parts and accessories thereof must be surrendered immediately:

To_____

At_____

ARTICLE III

Notice is hereby given that all carrier pigeons must be surrendered immediately:

To_____

At_____

ARTICLE IV

Any person violating the provisions of this Notice shall upon conviction by Military Government Court be liable to any lawful punishment including death as the Court may determine.

By Order of Military Government.

MILITÄRREGIERUNG—DEUTSCHLAND
Kontroll-Gebiet des Obersten Befehlshabers

BEKANNTMACHUNG

Ablieferung von Schusswaffen, Munition, Waffen, Brieftauben und Radiosendegeräten

ARTIKEL I

Es wird hiermit bekannt gemacht, dass alle Schusswaffen, einschliesslich Jagdwaffen, Munition, Sprengstoffen und aller anderen Waffen jeder Art sofort abzugeben sind:

an_____

in_____

ARTIKEL II

Es wird hiermit bekannt gemacht, dass alle Radio-sendegerate, Teile und Zubehor sofort abzugeben sind:

an_____

in_____

ARTIKEL III

Es wird hiermit bekannt gemacht, dass alle Brieftauben unverzüglich abzuliefern sind:

an_____

in_____

ARTIKEL IV

Jeder Verstoss gegen die Vorschriften dieser Bekanntmachung wird nach Schuldigsprechung des Taters durch ein Gericht der Militarregierung nach dessen Ermessen mit jeder gesetzlich zulassigen Strafe, einschliesslich der Todesstrafe, geahndet.

Im Auftrage der Militärregierung.

allen Posten im öffentlichen Leben erzielt wurden, erscheint es mir wünschenswert, den unter meinem Kommando stehenden Armeeangehörigen zu erlauben, mit den Deutschen im Erwachsenenalter auf der Straße und in der Öffentlichkeit allgemein ins Gespräch zu kommen.«[4]

Vermutlich war dieser Befehl zum Zeitpunkt seines Erlasses bereits durch die Ereignisse überholt. Viele Besatzungssoldaten hatten die Befehle ohnehin unterlaufen, obwohl Verstöße gegen das Fraternisierungsverbot mit Geldstrafen geahndet wurden.

Trotz der Verbrechen, die während der NS-Herrschaft in Deutschland und in den besetzten Ländern verübt wurden, war die Einstellung gegenüber den Deutschen mehr durch Mitleid als durch Haß geprägt. Hunger, Obdachlosigkeit, der Verlust von Familienangehörigen und der Heimat schien schon Strafe genug für deutschen Größenwahn und rassistische Herrenmenschenträume.

Amerikanische Dienststellen sahen sehr deutlich die »Gefahr«, die Mitleidsgefühle für die Deutschen bei der Truppe auslösen könnten.

Bekanntmachung

Die Verdunkelungsvorschriften

werden mit sofortiger Wirkung **aufgehoben**

Die Benutzung von Fahrrädern

ist künftig nur solchen Personen gestattet, denen

hierzu die Erlaubnis von der Militärregierung

erteilt worden ist und die einen entspr. Ausweis

mit sich führen.

Ausweise sind bei der Polizeiverwaltung (Kriminalabtlg.) Stederdorferstr. zu be-
antragen.

Peine, den 23. Mai 1945.

Im Auftrage der Militärregierung

Die Soldaten sollten nicht vergessen, daß sie im Feindesland stün-
den und die Deutschen dementsprechend auf Distanz halten. Nur
offizielle Kontakte waren zunächst erwünscht. So hieß es in einer
frühen Informationsschrift der amerikanischen Armee:
»Halte Dein Mitleid zurück. Eine der wenigen Waffen, die den ›kleinen‹ Deutschen geblieben ist, ist diejenige zu erreichen, daß sie uns
leid tun. Da sind Kinder, die von einem Fuß auf den anderen trip-
peln, wenn sie in der Kälte vor Euerm Speisesaal herumstehen, zu

höflich oder zu ängstlich um zu betteln, aber in ihren Augen kann man den Hunger lesen. Da sind alte Männer und Frauen mit Handwägelchen, junge Mädchen in fadenscheinigen Kleidern. Das sind keine Nazis, wirst Du sagen … Wir dürfen den Deutschen keineswegs glauben. Sie sind Meister in der Propaganda geworden. Nach 12 Jahren in Goebbels' Lügenfabrik ist jeder Deutsche, dem Du begegnest, ein Experte in all den Lügen, Halbwahrheiten und gemeinen Andeutungen, die er Dir aufbindet, um Dich alles glauben zu machen, was er will. Der Deutsche kennt alle Lügen auswendig …«[5]

Das Fraternisierungsverbot wurde schließlich ganz aufgehoben und blieb somit Episode. Bei den Deutschen, die den eigentlichen Anlaß dieser Maßnahmen nicht sahen oder sehen wollten, weil sie zu sehr von ihren Alltagsproblemen in Anspruch genommen waren oder schon begannen, die Vergangenheit zu verdrängen, hat diese Phase tiefgreifende Gefühle der Kränkung ausgelöst.

Zur Normalisierung der Kontakte zwischen Besatzern und Besetzten gehörte auch die Aufhebung des Heiratsverbots zwischen alliierten Soldaten und deutschen Frauen. Im August 1946 wurden die örtlichen Befehlshaber in der britischen Zone ermächtigt, Eheschließungen zuzulassen, wenn »gute Gründe« vorlagen und keine »Bedenken der Sicherheit« bestanden.[6] Bis Mai 1947 hatten 3600 britische Soldaten um Erlaubnis nachgesucht, eine Deutsche zu heiraten.[7]

Der Einmarsch der alliierten Truppen wurde von der deutschen Bevölkerung unterschiedlich erlebt. Während sich die Besetzung durch Amerikaner, Engländer und Franzosen im allgemeinen diszipliniert und ohne Übergriffe oder Rachehandlungen vollzog, Ausschreitungen wie Plünderungen, Vergewaltigungen waren Ausnahmen, war die Eroberung deutscher Gebiete und Städte durch die Rote Armee für die Bevölkerung von schmerzlichen Erfahrungen geprägt.

Die entschlossen antikommunistische Haltung nach dem Kriege, die es der KPD nicht erlaubte, an ihre Wahlerfolge der Weimarer Zeit anzuknüpfen, dürfte in erster Linie ihren Grund in den massenhaften Plünderungen, Vergewaltigungen, Deportationen und Mißhandlungen der unmittelbaren Nachkriegszeit in der sowjetischen Zone haben.

Alle Besatzungsmächte standen zunächst vor der Aufgabe, Ordnung

Bekanntmachung

Reisegenehmigungen in die amerikanische, französische und russische Besatzungszone.

In der letzten Zeit nehmen die Anträge auf Einreise in andere Besatzungszonen einen derartigen Umfang an, daß sich die Militärregierung veranlaßt sieht, auf folgendes hinzuweisen:

1. Reisen in die russische Zone können von der Militärregierung nicht bewilligt werden, da nach dem 30. Juni 1946 jeglicher Verkehr dorthin vorläufig eingestellt wurde.

2. Personen, welche in die amerikanische oder französische Zone reisen wollen, müssen die Dringlichkeit und Notwendigkeit der Reise nachweisen können.

   Als Beweismittel sind zugelassen:
   Amtlich ausgestellte Zuzugsgenehmigung;
   Bestätigung der Industrie- und Handelskammer, daß die Reise im volkswirtschaftlichen Interesse unternommen werden muß;
   Vorladung eines ordentlichen Gerichtes, zu einem Termin zu erscheinen;
   Vorladung zu einem Notar zwecks Regelung von Nachlaßsachen; Sonst werden nur Anträge bewilligt, die im öffentlichen Interesse liegen. Andere Gründe werden in der Regel von der Militärregierung nicht anerkannt.
   Besuchsreisen sind verboten, und daher ist das Einreichen von derartigen Gesuchen zwecklos.

Ich mache darauf aufmerksam, daß alle Anträge ordnungsgemäß in deutscher und englischer Sprache auf dem vorgeschriebenen Antragsformular ausgefüllt sein müssen. Alle beigefügten Unterlagen sind gleichfalls mit der englischen Übersetzung zu versehen.

Unvollständig ausgefüllte Anträge werden zurückgesandt und dem Antragsteller geht unnötig Zeit verloren.

Die Bürgermeister haben bei Entgegennahme von Anträgen einen strengen Maßstab anzulegen.

Wolfenbüttel, den 27. Juli 1946

Stadtverwaltung Wolfenbüttel

M U L L, Stadtdirektor

CGD 171

in das Chaos nach dem Zusammenbruch zu bringen. Dabei waren sie auf die Mitarbeit der Deutschen angewiesen. Vor allem Verwaltungsfachleute und technisches Personal waren gefragt. Die erste Amtshandlung der Besatzer in West und Ost war die schnellstmögliche Einsetzung eines Bürgermeisters, der die Aufgabe hatte, die Befehle der lokalen Militärkommandanten umzusetzen. Meist griffen die Militärs, soweit dies möglich war, auf Persönlichkeiten aus dem politischen Leben der Weimarer Republik zurück, die während der NS-Zeit integer geblieben waren, oder auch auf Fachleute, die wegen ihrer antinazistischen Haltung bekannt waren. Die Amerikaner stützten sich bei der Rekrutierung für wichtigere politische Ämter auf sogenannte »weiße Listen«, die der amerikanische Geheimdienst bereits während des Krieges über politisch unbedenkliche Personen angelegt hatte.[8] Über ähnliches Material verfügten auch die Briten. Nach der Besetzung einer Stadt wurden die Bewohner als erstes mit zahlreichen Befehlen und Verboten konfrontiert. Es waren Einschränkungen, die das ohnehin schon schwere Leben noch schwerer machten: Ausgangssperren, Reiseverbote, Fotografier-, Telefonier-, Schreibverbote, die Ablieferung von Waffen, Ferngläsern, Fotoapparaten, Filmen, Radios, aber auch von Gold- und Silberbarren sowie wertvollen Münzen. Eine Flut von Anschlägen regelte das gesamte Alltagsleben von der Aufhebung von Verdunkelungsvorschriften über Stromsperren bis hin zu Meldungen zum Arbeitseinsatz. Verstöße gegen Befehle der Militärregierung wurden zum Teil mit empfindlichen Strafen geahndet. Übertretungen der Sperrstunde wurden in der britischen Zone 1946 auch bei mildernden Umständen mit Geldstrafen, ersatzweise 14 Tage Gefängnis, bestraft. Auf den Besitz von Waffen über angegebene Termine hinaus stand die Todesstrafe. In diesem Punkt kannten die Alliierten keine Gnade. Die Furcht vor Spionage, Sabotage oder »Werwolf«-Unternehmen nahm vor allem nach der Ermordung des von den Amerikanern eingesetzten Aachener Oberbürgermeisters Uppenhoff durch SS-Leute (25. 3. 1945) übertriebene Züge an, die mit einer tatsächlichen Bedrohung nichts zu tun hatte. Die Angst vor subversiven Aktionen ging so weit, daß sogar die Anordnung herausgegeben wurde, Brieftauben zu töten. Der »Werwolf« war eine der letzten großen Propagandalügen von Goebbels, auf die nur noch die Alliierten hereinfielen.

Military Government Germany - United States Zone	Militärregierung Deutschland-Amerikanische Zone
Stadtkreis Frankfurt-on-Main	Stadtkreis Frankfurt am Main
WARNING	**Warnung**
It is strictly forbidden to carry letters or other written communications across interzonal boundaries or international borders.	Es ist strengstens verboten, Briefe oder sonstige schriftliche Mitteilungen über die Zonengrenzen oder internationalen Grenzen mitzunehmen.
Persons guilty of violating this regulation will be subject to trial by a Military Government Court.	Personen, die gegen diese Bestimmungen verstoßen, werden vor ein Gericht der Militärregierung gestellt.
Frankfurt-on-Main, 5 January 1945	Frankfurt am Main, 5. Januar 1946
By Order of Military Government	**Im Auftrage der Militärregierung**

Drei Jahre nach dem Ende des Krieges führte das Institut für Demoskopie in Allensbach eine Umfrage über »Ihre Erfahrungen 1945 bei der Besetzung« durch. Die folgende Tabelle (s. Seite 84) zeigt, wie Deutsche, die die Besetzung der einzelnen Alliierten erlebten, diese im nachhinein beurteilten[9].

Auf besonderen Unwillen und stille Wut der Bevölkerung stieß angesichts des allgemeinen Elends der luxuriöse Lebensstil der Besatzungsmächte. Ihre Wohnungen, Clubs, Casinos, Dienststellen und Quartiere waren Oasen des Überflusses in einer Wüste von Hunger und Not. Im Sommer 1947 schrieb der Schriftsteller Peter Weiss folgende Beobachtungen in Berlin an eine schwedische Zeitung:

»Die Deutschen dagegen schleppen sich, wie im Halbschlaf, gebrochen, die Straßen entlang, scheinbar ohne Sinn für den Verkehr um sie herum. Doch sie sind sprungbereit, wenn die fremden Herrschaften einen Zigarettenstummel wegwerfen. In den Mülltonnen ihrer Gäste aus dem Ausland wühlen sie nach Apfelsinen- und Grapefruitresten, nach Kartoffelschalen, abzunagenden Knochen und Sar-

Erfahrungen mit der Besatzung:
Frage: »Wie waren – einmal ganz allgemein gesagt – Ihre Erfahrungen 1945 bei der Besetzung?«

	Wenig Ange- gemerkt	Ange- nehm	Unan- genehm	Sehr un- ange- nehm	
Deutsche, die die britischen Truppen bei der Besetzung erlebten	47 %	16 %	26 %	11 %	100 %
Deutsche, die die amerika- nischen Truppen bei der Besetzung erlebten	36 %	15 %	32 %	17 %	100 %
Deutsche, die die franzö- sischen Truppen bei der Besetzung erlebten	28 %	7 %	35 %	30 %	100 %
Deutsche, die die russi- schen Truppen bei der Besetzung erlebten	4 %	1 %	24 %	71 %	100 %
Erwachsene Gesamtbevöl- kerung im Bundesgebiet und West-Berlin	32 %	12 %	28 %	28 %	100 %

dinenbüchsen. Ihre letzten Fotoapparate, den Familienschmuck und ihre Porzellanteller verkaufen sie an die Fremden, um dafür lumpige Zigaretten einzutauschen. Mit bloßen Händen graben sie in den abgeholzten Wäldern nach Wurzeln. Um für die bevorstehende Wintersnot vorzusorgen, sammeln sie Kohlenreste, während in den Villen der ›Gäste‹ die Heizungen auch im warmen Sommer angestellt sind!«[10]

Auf Unverständnis und Kritik stieß auch die Beschlagnahmepraxis von Wohnraum durch die Militärbehörden. Zum Teil mußten ganze Stadtviertel oft kurzfristig von den Bewohnern unter Zurücklassung ihrer gesamten Habe für die Militärs und ihre Angehörigen geräumt werden. Das führte zu Verbitterung und Ressentiments, zumal auch über die unmittelbar Betroffenen hinaus jeder wußte, daß die Deutschen für diese Kosten aufkommen mußten. Für die Sieger war es

selbstverständlich, daß sie den Frieden in vollen Zügen genießen wollten. Viele Deutsche vergaßen allerdings über ihrer aktuellen Not, daß die deutsche Wehrmacht in den von ihr besetzten Ländern sich nicht anders verhalten hatte.

Die Militärs wurden in der Verwaltung ihrer Zonen von zivilen Verwaltungsbeamten aus ihren Heimatländern unterstützt, unter denen sich z. T. hervorragende Sachkenner der deutschen Verhältnisse befanden. Der französische Politologe Alfred Grosser bescheinigte den britischen Verwaltungsbeamten – 1946 waren es etwa 25 000 – bemerkenswerte Fähigkeiten. Ihr Verwaltungsstil war allerdings von erheblicher Arroganz geprägt:

»Sie verwalteten Deutschland, wie wenn sie eine Kronkolonie verwaltet hätten, mit der tatkräftigen Gelassenheit und der Verachtung gegen den Eingeborenen, wie es zu einer solchen Einstellung gehört. Beamte und Soldaten benahmen sich korrekt und selbstbewußt und lebten möglichst abgeschieden von der deutschen Bevölkerung... Doch von 1946 an nahm die Qualität des britischen Personals spürbar ab. Als sich die Besatzung hinzog, wollten die besseren Kräfte nach Hause zurück, wo sie dauerhafte Stellungen fanden, und sie wurden oft von Leuten ersetzt, die sich in England keinen lohnenden Posten hatten verschaffen können.«[11]

Im Umgang mit den Deutschen waren die Briten diszipliniert, aber auf Distanz bedacht. Einstellungen wie die des Stadtkommandanten von Osnabrück, der sich ein Schild mit der Aufschrift »Ich hasse alle Deutschen« (I hate all Germans) auf den Schreibtisch gestellt hatte, waren Ausnahmen.[12]

Die Amerikaner begnügten sich mit wesentlich weniger Verwaltungsbeamten, 1946 waren es etwa 5000. Da sie den Deutschen mehr Spielraum ließen als die Briten und sich hauptsächlich auf die Kontrolle beschränkten, kamen sie mit einem erheblich kleineren Stab aus. In den Spitzenstellen hatten sie teilweise hervorragende Fachleute und Sachkenner eingesetzt, Deutschlandexperten oder deutsche Emigranten, aus Verwaltung, Wirtschaft und Wissenschaft, die schon während des Krieges auf ihre künftigen Aufgaben in Deutschland vorbereitet worden waren.

Die französische Zone war zwar die kleinste der Besatzungszonen, hatte aber die meisten Besatzungsangehörigen. Das lag daran, daß die französischen Verwaltungsbeamten ausgiebig von ihrem Recht Gebrauch machten, Familie und entfernte Verwandte nachkommen zu lassen.

»Diese müßigen und schmarotzenden Okkupanten, die gern individuelle Wiedergutmachung betrieben, den Verlockungen des Schmuggels und schwarzen Marktes erlagen, sich der deutschen Bevölkerung gegenüber anmaßend und arrogant zeigten, weil sie behaupteten, sie profitierten zu wenig von einem Sieg, zu dem sie in Wirklichkeit die meiste Zeit nichts beigetragen hatten –, diese Okkupanten waren die Geißel der französischen Präsenz in Deutschland.«[13]

Auch die militärische Spitze der Franzosen war nicht frei von anmaßender Überheblich- und Zügellosigkeit:

»Der Oberbefehlshaber in Baden-Baden verfuhr wie ein Prokonsul und hielt sich nicht allzu streng an die Anweisungen, die er aus Paris bekam. Die Provinzdelegierten in Koblenz, Freiburg und Tübingen drängten sich kaum danach, den Befehlen aus Baden-Baden nachzukommen. Auf Bezirks- und Kreisebene ging es nicht anders zu. Jeder war glücklich, zu regieren und eine fast absolute Autorität auszuüben.«[14]

In der französischen Zone ging die Siegermentalität sogar so weit, daß die Deutschen französische Offiziere zu grüßen hatten.

Konflikte zwischen den Besatzungsmächten und den von ihnen eingesetzten deutschen Amtsträgern wurden nach dem »hire and fire«-Prinzip gelöst, d. h. sie endeten mit der Entlassung oder mit dem freiwilligen Rücktritt des Amtsinhabers. So wurde der erste bayerische Ministerpräsident Fritz Schäffer, der nach Meinung der Amerikaner nicht entschieden genug bei der Entnazifizierung vorgegangen war, schon nach kurzer Amtszeit entlassen. Das gleiche Schicksal widerfuhr dem Direktor des Frankfurter Wirtschaftsrates, Johannes Semler, der in seiner berühmten »Hühnerfutter-Rede« die Lebensmittellieferungen aus den USA kritisiert hatte. In Hessen trat der Kultusminister im ersten hessischen Kabinett, Professor Franz Böhm, nach Zusammenstößen mit den Amerikanern in Fragen der

Bildungs- und Hochschulpolitik von seinem Amt zurück. Das promi-
nenteste Opfer militärischer Entscheidungsvollmacht war Konrad
Adenauer, der als Oberbürgermeister von Köln offiziell wegen Un-
fähigkeit, tatsächlich aber wegen seines selbstbewußten Auftretens
von den Engländern rüde entlassen wurde.
Adenauer berichtet über diesen Vorgang in seinen Erinnerungen:
»Ende September 1945 kam es zu einem harten Konflikt zwischen
den Engländern und mir. Die britische Militärverwaltung verlangte
von mir, die Bäume in den Grünanlagen und Ringstraßen Kölns zu
fällen, um das Holz der Bevölkerung als Brennstoff zu geben... Ich
lehnte die Abholzung der Grünanlagen ab und verlangte von den
britischen Behörden, beschlagnahmte Kohlenvorräte für die Bevölkerung freizugeben... Als ich das Amtszimmer von Brigadier Barra-
clough, dem Militärgouverneur der Nord-Rheinprovinz, betrat, waren einige britische Offiziere anwesend. Keiner der Herren erhob
sich, als ich den Raum betrat. Nach einer kurzen, sehr förmlichen
Begrüßung wurde mir kein Stuhl angeboten. Ich nahm mir selbst
einen Stuhl und wollte mich setzen. Daraufhin sagte Brigadier Bar-
raclough in ziemlich knappem Ton: ›Bleiben Sie stehen!‹«[15] Stehend
mußte Adenauer seine Entlassung zur Kenntnis nehmen.
Die finanziellen Belastungen der Haushalte, die durch die Besatzungskosten entstanden, waren erheblich. Allein im Jahr 1946 mußte
z. B. Niedersachsen 33,5 % (453 Millionen Reichsmark) seines
Steueraufkommens für Besatzungskosten ausgeben. 1947 erhöhte
sich der Anteil auf 43,4 %, 1948 stieg er sogar auf 48,5 %.[16]
In den Westzonen wurden 1964 42 % des gesamten Steueraufkommens für Besatzungskosten aufgewendet (in der französischen Zone

lag dieser Anteil sogar bei 86 %). Dieser Anteil fiel bis 1950 kontinu-
ierlich auf 26 % (französische Zone 38 %).[17]

»1950 entfielen auf jeden Einwohner 96 Mark an Besatzungskosten,
wenn man von der Gesamtzahl der Bevölkerung ausgeht; pro Kopf
der arbeitenden Bevölkerung waren es dagegen 210 Mark, das
Monatsgehalt eines kleinen Angestellten.«[18]

Den Deutschen war zunächst jegliche Kritik an den hohen Besatzungskosten untersagt. Als sie erlaubt war, wurde sie vor allem von
der KPD propagandistisch aufgegriffen. Die anderen Parteien hielten sich in dieser Frage öffentlich eher bedeckt.

Parteien –
Fundamente des politischen Aufbaus

1. Die Sozialdemokratische Partei Deutschlands

Die SPD hatte bei ihrem Wiederaufbau gegenüber anderen Parteien insofern Startvorteile, als sie sich auf ehemalige Mitglieder und Funktionäre aus der Weimarer Zeit stützen konnte; mit dem Londoner Exilvorstand um Erich Ollenhauer war sogar eine gewisse Führungskontinuität gegeben.

Schon bald nach der Kapitulation bildeten sich zwei sozialdemokratische Gründungszentren heraus, die um den Führungsanspruch konkurrierten: Hannover und Berlin.[1]

Bereits im April 1945 fand in Hannover ein Treffen ehemaliger sozialdemokratischer Funktionäre statt. Unter ihnen befand sich auch Kurt Schumacher, der die SPD von 1930 bis 1933 als Abgeordneter im Reichstag vertreten hatte. Von Hannover aus kümmerte sich Schumacher, dessen Führungsanspruch von niemandem bestritten wurde, zielstrebig um den Aufbau der Parteiorganisation. Das »Büro Schumacher« wurde zur zentralen Anlaufstelle für alle Fragen des Parteiaufbaus in den Westzonen.

In Berlin gründeten ehemalige Sozialdemokraten den »Zentralausschuß der SPD«, der am 15. Juni mit einem Gründungsaufruf an die Öffentlichkeit trat. An der Spitze der Berliner Gruppe stand Otto Grotewohl, ehemals Minister im Freistaat Braunschweig und sozialdemokratischer Reichstagsabgeordneter.

Die anfänglichen Bemühungen beider Gründungskreise, eine einheitliche Partei und eine gemeinsame Politik in allen Besatzungszonen zu erreichen, scheiterten sehr bald an den unterschiedlichen Konzepten, Bedingungen und Handlungsspielräumen der Parteiführer in West und Ost. Vor allem Schumacher traute dem Berliner

Zentralausschuß ein von der sowjetischen Besatzungsmacht unabhängiges Handeln nicht zu; in erster Linie wandte er sich aber gegen die von Grotewohl favorisierte Einheit der Arbeiterklasse in Form einer organisatorischen Verschmelzung von SPD und KPD. An dieser Frage und durch die später vollzogene Vereinigung beider Parteien zur SED in der sowjetischen Zone scheiterte schließlich der Plan einer gesamtdeutschen SPD.

Bereits auf der Konferenz von Wennigsen (5.–7. Oktober 1945), der ersten überregionalen Konferenz über künftige Aufgaben und Ziele der Sozialdemokratischen Partei im besetzten Deutschland, an der auch Grotewohl teilnahm (Funktionäre der SPD in der französischen Zone hatten dagegen keine Ausreiseerlaubnis erhalten), war es im Hinblick auf die Führungsansprüche beider Seiten zu einem pragmatischen Kompromiß gekommen. Er bestätigte den Führungsanspruch Schumachers für die Westzonen und den Grotewohls für den Bereich der sowjetischen Zone, auf eine gemeinsame Parteispitze und -organisation auf Reichsebene wurde verzichtet.

Im Mai 1946, inzwischen war es zur Gründung der SED gekommen, fand in Hannover der erste Parteitag der SPD der Westzonen und Berlins nach dem Kriege statt. Er wählte Schumacher zum Parteivorsitzenden, sein Stellvertreter wurde Erich Ollenhauer, Repräsentant des Londoner Exilvorstands.

Auf dem Parteitag in Hannover wurde ein erstes Aktionsprogramm verabschiedet, die »Politischen Leitsätze« der SPD vom 11. Mai 1946.[2] Danach sah die SPD »ihre Aufgabe darin, alle demokratischen Kräfte Deutschlands im Zeichen des Sozialismus zu sammeln«. Das Aktionsprogramm sprach sich daher für die Sozialisierung der Bodenschätze sowie der Grundstoff- und Großindustrien aus. Es forderte eine grundlegende Bodenreform unter Enteignung des Großgrundbesitzes. Angesichts der allgemeinen Mängellage trat die SPD für eine öffentliche Lenkung und Planung der Wirtschaft ein, lehnte aber »kommandierten Kasernensozialismus« und »Uniformität« ab.

»Es gibt keine sozialistische Gesellschaft ohne die mannigfaltigsten Betriebsarten und Formen der Produktion. Der Sozialismus will so viel wirtschaftliche Selbstverwaltung wie möglich, unter stärkster Beteiligung der Arbeiter und Verbraucher.« Die Mitbestimmung der

Arbeitnehmer gehörte zu den zentralen sozialdemokratischen Forderungen der Nachkriegszeit.

Für Schumacher war es eine politische und moralische Selbstver-
ständlichkeit, sozusagen die Forderung der Stunde, daß die Sozialdemokraten die politische Führung im Nachkriegsdeutschland übernehmen müßten. Diese Hoffnung ließ sich nach der ersten Bundestagswahl nicht realisieren. Die SPD mußte die Rolle der Opposition
übernehmen und die Gestaltung der westdeutschen Politik weitgehend Adenauer und der CDU überlassen.

DIE ALTE

SPD

RUFT
ALTE UND NEUE
FREUNDE
ZUM BEITRITT

Kreisgeschäftsstelle Bln.-Wilmersdorf, Nassauische Straße 49 II   Telefon: 32 23 78
Sozialdemokratische Partei Groß-Berlin

2. Die CDU / CSU

Die Überlegungen, eine christliche Partei auf überkonfessioneller Grundlage zu gründen und damit die organisatorischen und ideologischen Schwächen der Zentrumspartei der Weimarer Republik zu überwinden, gehen auf bürgerliche Oppositionskreise und den christlichen Widerstand während der NS-Zeit zurück.[3] Um eine erneute Zersplitterung des bürgerlichen Lagers zu vermeiden, die als eine der Schwächen des Weimarer Parteiensystems erkannt wurde, wollte man eine große überkonfessionelle bürgerliche Volkspartei gründen, in der sowohl christlich-sozial eingestellte Anhänger des ehemaligen Zentrums als auch konservative und liberale Kräfte ihre neue politische Heimat finden sollten. »So war es nur ein scheinbar zufälliges und ungeordnetes Nebeneinander, als schon früh, schon vor der Kapitulation, in den von den englischen und amerikanischen Truppen besetzten Teilen Westdeutschlands allerorten sich Angehörige beider Konfessionen zu gemeinsamer Arbeit zusammenfanden.«[4]

In Köln, einer alten Zentrumshochburg, wurde bereits am 19. März 1945 das Programm einer Christlich-Demokratischen Volkspartei (CDVP) formuliert. Sie war die Keimzelle der späteren rheinischen CDU, von der neben der Berliner CDU die wichtigsten Impulse für den organisatorischen Zusammenschluß und die ideologische Fortentwicklung der vielen christlichen Gruppierungen auf Reichsebene, wie es damals noch hieß, ausgingen.

Zunächst ging die Initiative, die mehr als regionale Bedeutung hatte, von Berlin aus. Aufgrund des Befehls Nr. 2 der SMAD vom 10. Juni 1945 wurde bereits am 16. Juni 1945 die Gründung der Christlich-

Demokratischen Union Deutschlands (CDUD) in Berlin möglich, die mit einer »Reichsgeschäftsstelle« den Führungsanspruch für alle Besatzungszonen demonstrierte. Unter den Gründungsmitgliedern befanden sich u. a. ehemalige Mitglieder des Zentrums, der christlichen Gewerkschaften und liberaler Parteien. Die Bezeichnung »Union« statt Partei wird dem früheren Reichsminister aus der Zentrumspartei, Andreas Hermes, zugeschrieben, der den Ausdruck Partei bewußt vermeiden wollte.[5] Zu den Gründungsmitgliedern gehörten neben Hermes Jakob Kaiser, Ernst Lemmer, Theodor Steltzer, Otto-Heinrich von der Gablentz, Otto Nuschke, Hans Lukaschek, Heinrich Krone, Bischof Dibelius und der Chirurg Professor Sauerbruch. Einige von ihnen spielten später eine aktive Rolle in der CDU der westlichen Zonen.[6] Der ehemalige Gewerkschaftsführer Jakob Kaiser vertrat einen christlichen Sozialismus und die Idee eines blockfreien Deutschlands, das als politische und ideologische Brücke zwischen Ost und West fungieren sollte.

Mit der Einbeziehung der CDUD in die »Einheitsfront der antifaschistisch-demokratischen Parteien« (14. Juli 1946) – unter Anerkennung der Führungsrolle der SED – wurden ihre politischen Wirkungsmöglichkeiten sehr schnell eingegrenzt. »Denn durch dieses Bündnis hatte die CDUD die Verbindlichkeit der nicht durch Abstimmung, sondern durch Vereinbarung und nach dem Prinzip der Einstimmigkeit gefaßten Einheitsfrontbeschlüsse anerkannt.«[7]

Zu einem wichtigen Markstein auf dem Wege zu einer einheitlichen Partei aller Zonen sollte das Godesberger »Reichstreffen« (14. bis 16. Dezember 1946) werden – allerdings in einem anderen Sinne, als es der Initiator dieses Treffens, Andreas Hermes, geplant hatte. Hermes erhielt von der SMAD keine Erlaubnis, an dem Treffen teilzunehmen, und wurde bald darauf als Vorsitzender der CDUD von der SMAD abgesetzt (sein Nachfolger wurde Jakob Kaiser). Da auch die Unionspolitiker der französischen Zone keine Reiseerlaubnis erhielten, verlagerte sich die Initiative und Handlungsfähigkeit von Berlin in den rheinischen Raum, wo vor allem Konrad Adenauer zielstrebig seinen Führungsanspruch durchzusetzen suchte.

Anfang 1946 wurde Adenauer zum CDU-Vorsitzenden der britischen Zone gewählt. Er verstand es, der Partei in den folgenden Jahren seinen politischen und ideologischen Stempel aufzudrücken. Dabei hatte Adenauer zunächst gezögert, als ehemaliges Zentrumsmitglied auf die neue überkonfessionelle Partei zu setzen. Nachdem Versuche des Gründerkreises der CDU, Adenauer für eine Mitarbeit zu erwärmen, zunächst ohne Erfolg blieben, bot Karl Arnold ihm persönlich am 31. August 1945, nachdem sich die Kölner Parteigruppe konstituiert hatte, den Vorsitz des Landesverbandes an.[8] Adenauer trat daraufhin in die Partei ein und konzentrierte sich auf deren organisatorischen Ausbau und ihre ideologischen Grundpositionen, weil er die Vorstellungen der Berliner Gruppe um Hermes und Kaiser ablehnte. Er konnte sich um seine Parteiaufgaben um so mehr kümmern, als ihn die Engländer im Oktober 1945 als Oberbürgermeister von Köln entlassen hatten. Begründet wurde diese Maßnahme mit der schleppenden Schutträumung und der ungenügenden Instandsetzung der Häuser sowie den mangelhaften Vorbereitungen für den nahenden Winter.

In der amerikanischen Zone verhinderten Meinungsgegensätze zwischen der bayerischen CSU und der württembergischen CDU die Bildung eines Zonenverbandes, in der französischen Zone wurde sie durch das Veto der Besatzungsmacht verhindert. Als Notlösung kam es im Februar 1947 in Königstein zur Einrichtung einer »Arbeitsgemeinschaft CDU/CSU« als zonenübergreifendem Koordinationsorgan. Sie organisierte auch den ersten Bundestagswahlkampf. Bundespartei wurde die CDU erst auf dem Bundesparteitag in Goslar (20.–22. Oktober 1950); zum Parteivorsitzenden wurde der nunmehrige Bundeskanzler Adenauer gewählt.

Die programmatischen Grundlagen der CDU sind aufgrund der geschilderten Entwicklungen nie in einem einheitlichen Gesamtprogramm systematisch zusammengefaßt worden (dies geschah erst 1953 mit dem »Hamburger Programm«). Der Vielzahl von Gründungszentren entsprechend gab es zahlreiche programmatische Entwürfe und Äußerungen in Form von Gründungsaufrufen oder Leitsätzen. Dazu gehörten der Berliner »Aufruf an das deutsche Volk«, die »Kölner Leitsätze« und die »Frankfurter Leitsätze«, deren Aussagen teilweise in das Parteiprogramm der CDU der britischen Zone vom 1. März 1946 und in das Ahlener Programm vom 3. Februar 1947 Eingang fanden. Ein weiteres grundlegendes Dokument sind die Düsseldorfer Leitsätze von 1949, die als Wahlkampfplattform bei der ersten Bundestagswahl dienten. Sie sind eine Fortschreibung des Ahlener Programms und sind mit ihrer klaren Absage an die Planung und Lenkung der Wirtschaft ein Schlüsseldokument der sozialen Marktwirtschaft, das die Handschrift von Ludwig Erhard trägt.

»Trotz unterschiedlicher Nuancen kommt in sämtlichen Programmen die gleiche Idee zum Ausdruck: Die Würde der menschlichen Person, Recht, Gerechtigkeit und Freiheit sowie das christliche Sittengesetz müssen wieder zum Ursprung und Ziel des politischen und sozialen Lebens werden.«[9]

Die wirtschaftspolitischen Zielvorstellungen des Ahlener Programms, das noch von antikapitalistischen Überlegungen und Wünschen geprägt war, sind langfristig durch das geschickte Taktieren Adenauers nicht zum Zuge gekommen. In der Präambel des Ahlener Programms hatte es noch geheißen:

»Das kapitalistische Wirtschaftssystem ist den staatlichen und sozialen Lebensinteressen des deutschen Volkes nicht gerecht geworden. Nach dem furchtbaren politischen, wirtschaftlichen und sozialen Zusammenbruch als Folge einer verbrecherischen Machtpolitik kann nur eine Neuordnung von Grund aus erfolgen. Inhalt und Ziel dieser sozialen und wirtschaftlichen Neuordnung kann nicht mehr das kapitalistische Gewinn- und Machtstreben, sondern nur das Wohlergehen unseres Volkes sein.«[10]

Die Vergesellschaftung des Bergbaus und der eisenschaffenden Großindustrie stand noch als Forderung im Ahlener Programm, gleichzeitig wurden aber auch das Recht auf Eigentum, der Wettbewerb und die Unternehmerinitiative bejaht.

Als Ziel der Wirtschaftspolitik wurde die »Bedarfsdeckung des Volkes« genannt. Das Verhältnis zwischen Arbeitnehmer und Arbeitgeber sollte durch ein »Mitbestimmungsrecht der Arbeitnehmer an den grundlegenden Fragen der wirtschaftlichen Planung und sozialen Gestaltung« sichergestellt werden. Planung und Lenkung der Wirtschaft wurde nicht als Selbstzweck gesehen, aber angesichts der wirtschaftlichen Schwierigkeiten »auf lange Zeit hinaus in erheblichem Umfange« für notwendig erachtet.

Während das Ahlener Programm noch zwischen den Extremen des Dirigismus und der Marktwirtschaft schwankte, hatten die Düsseldorfer Leitsätze die letzten Ansätze des christlichen Sozialismus als

Ballast über Bord geworfen und sich für die soziale Marktwirtschaft entschieden.

In der Schulpolitik wurde bereits auf dem Godesberger Reichstreffen im Dezember 1945 durch Verzicht auf eine generelle Lösung ein Kompromiß zwischen den Anhängern der Bekenntnisschule und den liberalen Vertretern gefunden. »Entsprechend dem Grundsatz der Eigenverantwortung der Bürger und der Anerkennung der Familie als Keimzelle der Gesellschaft wurde das Recht der Eltern auf Mitbestimmung bei der Entscheidung über die weltanschauliche Gestaltung des Schulwesens gefordert. Der Staat sollte darüber hinaus das Schulwesen im Einvernehmen mit den Kirchen gestalten und das Recht auf Privatschulen anerkennen.«[11]

Die Christlich-Soziale Union (CSU) ist zwar seit ihrer Gründung organisatorisch unabhängig von der CDU, ihr aber als »Schwesterpartei« ideologisch-programmatisch und durch gemeinsame Regierungs- bzw. Oppositionspolitik auf Bundesebene verbunden.[12] Seit 1947 besteht zwischen beiden Parteien durch die »Arbeitsgemeinschaft CDU/CSU Deutschland« und die Fraktionsgemeinschaften im Frankfurter Wirtschaftsrat und im Parlamentarischen Rat eine enge politisch-organisatorische Zusammenarbeit.

Die CSU wurde Anfang 1946 als Landespartei zugelassen, zu ihren Gründungsvätern gehörten der aus der christlichen Gewerkschaftsbewegung kommende ehemalige preußische Ministerpräsident und Reichsminister Adam Stegerwald und der Münchner Rechtsanwalt Josef Müller. Mit dem Aufbau einer überkonfessionellen Volkspartei als Gegengewicht zur SPD wollten Stegerwald und Müller Bemühungen, die Bayerische Volkspartei (BVP) der Weimarer Republik (der bayerischen Schwesterpartei des Zentrums) wiederaufleben zu lassen, eine klare Absage erteilen.

Nachdem die CSU bei der ersten Landtagswahl die absolute Mehrheit erhalten hatte, geriet sie durch Flügelkämpfe zwischen liberalkonservativen und katholisch-konservativen Führungsgruppen sowie durch Abspaltungen und die damit verbundene Gründung der BP zeitweilig in eine ernste Krise, von der sie sich erst in den fünfziger Jahren wieder erholte.

Die Ideologie und Programmatik der CSU ist – wenn man von

spezifisch bayerisch-landespolitischen Bezugspunkten einmal absieht – mit der ihrer großen Schwesterpartei weitgehend identisch. Das Grundsatzprogramm der CSU von 1946 forderte u. a. »die unbedingte Achtung des Staates vor dem Willen der Eltern hinsichtlich der Schulerziehung ihrer Kinder« und trat für die Konfessionsschule ein. Wirtschaftspolitisch wurde die »Kollektivierung oder allgemeine Sozialisierung« abgelehnt, andererseits die »Überführung von Privat- in Gemeineigentum« vertreten, »wenn es das Gemeinwohl fordert«. Die Planwirtschaft wurde als »Ausfluß eines kollektivistischen Denkens« abgelehnt, das »Recht des Staates, die Wirtschaft nach Gesichtspunkten des Gemeinwohls zu lenken«, aber grundsätzlich anerkannt.

Baue mit uns

an einem neuen Deutschland
und Du baust in einem sozialen
Volksstaat an Deiner eigenen
Selbständigkeit !

Christlich-Demokratische Union, Hannover, Wilhelmstraße 3

C. L. Schröder, Hannover, CDH 84. 1879/1500, 7. 46. KI. C.

pst!

*Das ist vorbei
wir wählen frei*

CHRISTLICH DEMOKRATISCHE UNION

Liste 2

3. Die Freie Demokratische Partei

Die FDP war nur dem Namen nach eine Neugründung. Politisch-ideologisch stand sie in der Tradition des deutschen Liberalismus und seiner Erblast, der Spaltung in einen links- und einen national-liberalen Flügel. Das Schisma der Liberalen geht auf das Jahr 1866 zurück, als sich von der Deutschen Fortschrittspartei eine weiter rechts stehende Gruppe als National-Liberale Partei abspaltete. Auch in der Weimarer Republik hatte es zwei miteinander konkurrierende liberale Parteien gegeben, die eher linksliberale Deutsche Demokratische Partei (DDP), die sich 1928 in Deutsche Staatspartei umbenannte, und die national-liberale Deutsche Volkspartei (DVP). Beide Parteien warben um die Stimmen des Bürgertums, wurden aber gegen Ende der Republik zwischen Links und Rechts zerrieben.[13]

Unter den Gründungsmitgliedern liberaler Gruppen und Parteien nach dem Kriege befanden sich zahlreiche Mitglieder der DDP und DVP. Weniger als andere Parteien konnten sich diese auf Organisationsreste oder Gruppen ehemaliger Mitglieder stützen. Darüber hinaus hatten sich ehemalige Mitglieder und Politiker der liberalen Parteien nach dem Kriege anderen politischen Kräften zugewandt, weil sie dem Liberalismus keine große politische Zukunft zutrauten. So gehörten die ehemaligen Mitglieder der DDP, Ernst Lemmer, Ferdinand Friedensburg, Walther Schreiber und Otto Nuschke zum Gründerkreis der Berliner CDU.

Der Befehl Nr. 2 der SMAD vom 10. Juni 1945 machte auch für die Liberalen den Weg zu einer Parteigründung in Berlin frei. Am 16. Juni 1945 gründeten die ehemaligen Reichsminister Wilhelm Külz und

Eugen Schiffer, die der DDP angehört hatten, die Deutsche Demokratische Partei wieder, die sich bald darauf in Liberal-Demokratische Partei Deutschlands (LDPD) umbenannte. Auch der LDPD ist es nicht gelungen, ihren Führungsanspruch gegenüber den liberalen Gruppen und Parteien in den Westzonen durchzusetzen, weil sie sich am 14. Juli 1945 der »Einheitsfront der antifaschistischen demokratischen Parteien« anschloß und sich damit im Westen dem Verdacht aussetzte, unter Kuratel der Sowjets zu stehen.[14]

Der Südwesten, eine klassische Hochburg des Liberalismus, war ein regionaler Schwerpunkt liberaler Parteigründungen. Ehemalige Politiker der DDP wie Theodor Heuss und Reinhold Maier, den die Amerikaner zum ersten Ministerpräsidenten von Württemberg-Baden ernannt hatten, bauten hier die Demokratische Volkspartei (DVP) auf. In Bayern war Franken ein Zentrum liberaler Parteigründungen, die sich unter dem Vorsitz des ehemaligen DDP-Politikers Thomas Dehler zur Freien Demokratischen Partei vereinigten. In Hessen formierte sich unter dem Namen Liberal-Demokratische Partei (LDP) eine bürgerliche Sammlungsbewegung rechts von der CDU. In Bremen bildete sich als bürgerliche Einheitspartei die Bremer Demokratische Volkspartei (BDV), deren christlich orientierter Flügel sich 1946 abspaltete und in Bremen die CDU gründete. Die BDV verstand sich als liberale Partei in der amerikanischen Zone, außerdem trat in Bremen aber auch eine betont linksliberale FDP seit 1946 auf, die allerdings bei der ersten Bürgerschaftswahl nicht kandidierte.[15]

In der britischen und französischen Zone wurden neben der FDP liberale Parteien zunächst unter anderen Namen lizenziert, wie die Demokratische Union (Schleswig-Holstein) und die Partei Freier Demokraten (Hamburg). In Rheinland-Pfalz vereinigten sich im April 1947 der Soziale Volksbund (Hessen-Pfalz) und die Liberale Partei (Rheinhessen) zur Demokratischen Partei (DP).[16]

1946/47 suchten liberale Politiker aller vier Zonen eine Art gesamtdeutschen Dachverband der liberalen Parteien in Ost und West zu gründen. Diese Bemühungen gipfelten in der Gründung der Deutschen Demokratischen Partei (DDP) im März 1947 in Rothenburg ob der Tauber, zu deren gleichberechtigten Vorsitzenden Theodor Heuss und Wilhelm Külz gewählt wurden. Mehr als ein gemeinsamer

Redneraustausch wurde unter den damaligen politischen Bedingungen allerdings nicht erreicht. Die gesamtdeutsche DDP brach Anfang 1948 auseinander, weil östliche und westliche Liberale sich nicht auf eine gemeinsame Linie in bezug auf den von der SED initiierten »Ersten deutschen Volkskongreß für Einheit und gerechten Frieden« (6. Dezember 1947) einigen konnten.

Erst 1948 schlossen sich die liberalen Parteien der westlichen Besatzungszonen in Heppenheim (10./11. Dezember 1948) zu einer Bundespartei unter dem Namen Freie Demokratische Partei zusammen. Erster Vorsitzender der FDP wurde Theodor Heuss. Nach dessen Wahl zum Bundespräsidenten übernahm Franz Blücher den Parteivorsitz.

Ideologisch war die FDP ein Sammelbecken sowohl klassisch-liberaler Richtungen – vor allem im Südwesten und zum Teil auch in den Hansestädten – als auch national-liberaler Positionen mit stark antiklerikalem Affekt »rechts von der CDU«, wie in Hessen und Niedersachsen. Wirtschafts- und gesellschaftspolitisch nahm die FDP dezidiert gegen die Planwirtschaft sowie Sozialisierungs- und Mitbestimmungsforderungen Stellung. Sie lehnte jede Spielart des Kollektivismus ab und betonte die Rechte des Individuums. Die FDP trat als konsequente Verfechterin des marktwirtschaftlichen Prinzips auf und unterstützte den wirtschaftspolitischen Kurs von Ludwig Erhard, der auch mit den Stimmen der Liberalen zum Direktor des Amtes für Wirtschaft gewählt wurde. In der Kultur- bzw. Schulpolitik sprach die FDP sich für die christliche Gemeinschaftsschule und gegen die Bekenntnisschule aus.

Bei den ersten Landtagswahlen erzielte die FDP zum Teil beachtliche Ergebnisse. Über 15 % der Stimmen konnte sie in den alten liberalen Hochburgen im Südwesten sowie in Hessen und Berlin-West erzielen. Bei der ersten Bundestagswahl wurde die FDP mit 11,9 % der Stimmen drittstärkste Partei und konnte mit 52 Abgeordneten (+ 1 Berliner Mandat) in das Parlament einziehen.

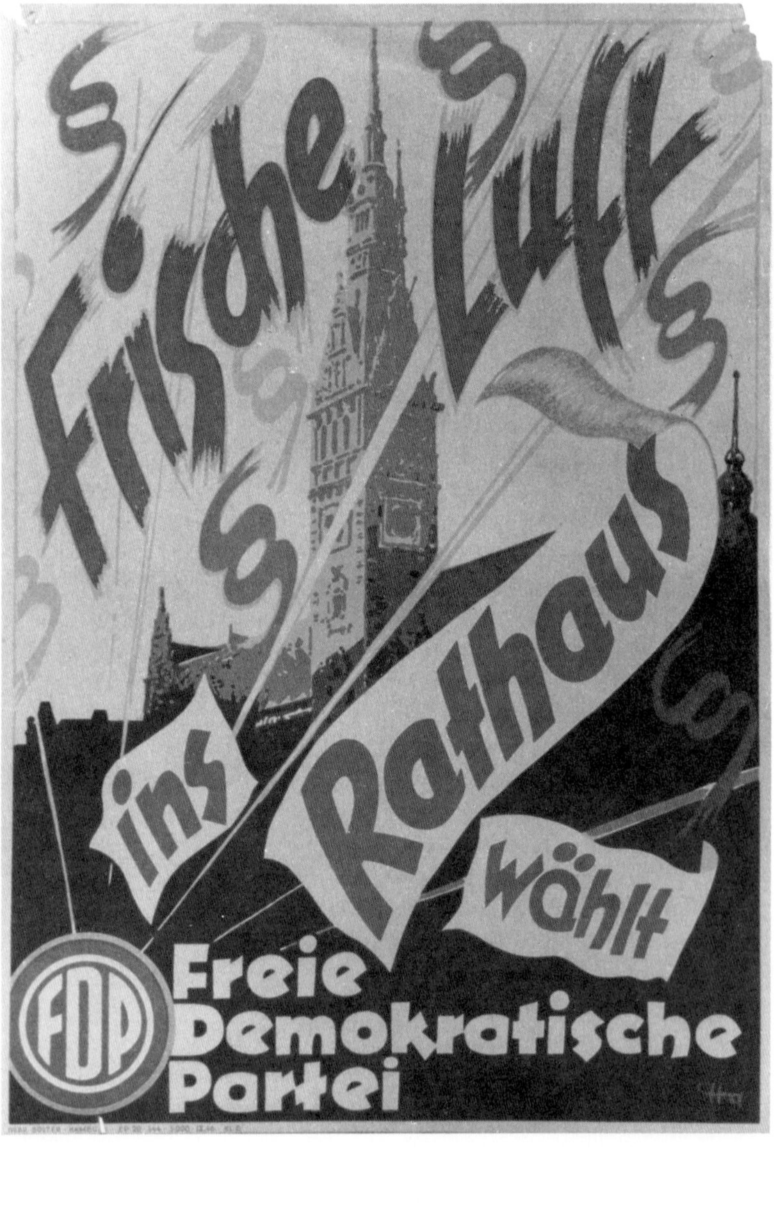
Frische Luft
ins
Rathaus
wählt
FDP
Freie
Demokratische
Partei

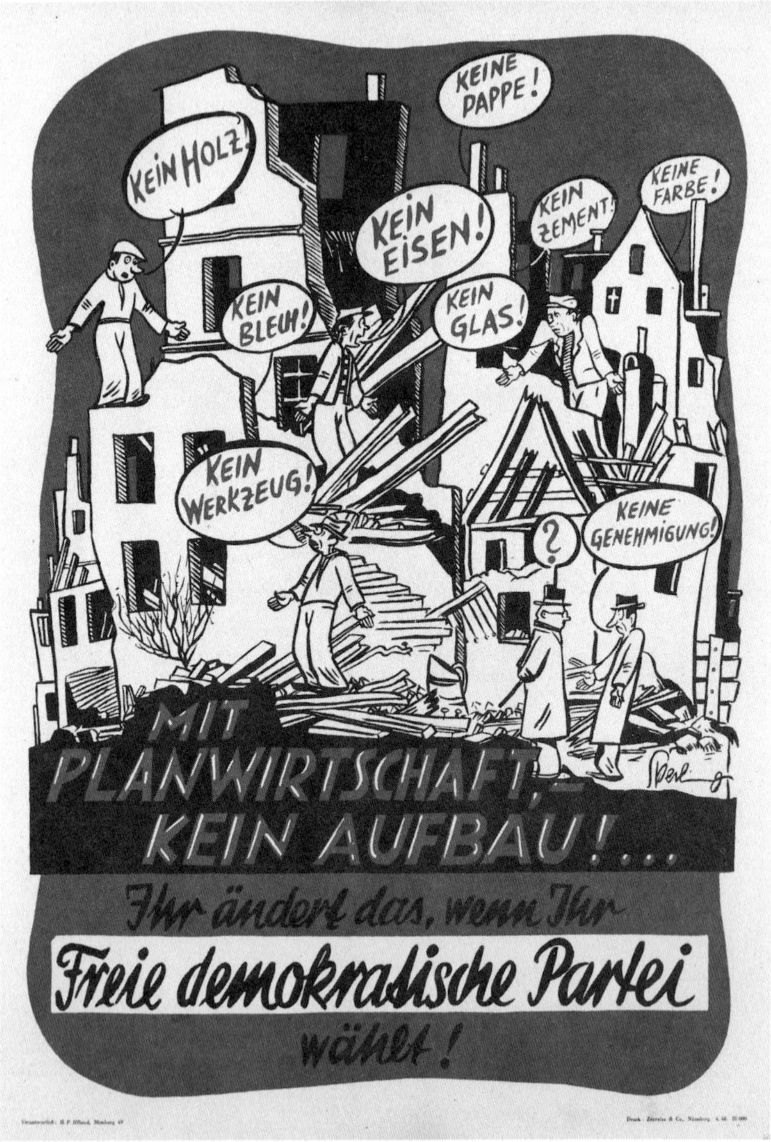

4. Die Deutsche Zentrums-Partei

Auch das Zentrum, das in der Weimarer Republik zu den staatstragenden Parteien gehörte und sich auf einen festen Wählerstamm von etwa 12 % aus dem katholischen Milieu stützen konnte, versuchte 1945 einen politischen Neuanfang. Die Deutsche Zentrums-Partei (DZP) wurde im Oktober 1945 als Interessenvertretung des politischen Katholizismus in Nordrhein-Westfalen gegründet.[17] Die einzig nennenswerten Wahlerfolge des Zentrums beschränkten sich auch auf diese Region. 1947 erhielt die Partei in Nordrhein-Westfalen fast 10 % der Stimmen und zog mit 20 Abgeordneten in den Landtag in Düsseldorf ein. Außerdem waren im ersten gewählten niedersächsischen Landtag von 1947 sechs Zentrums-Abgeordnete vertreten, die ihre Wahl hauptsächlich den treuen Zentrumsanhängern im oldenburgischen Münsterland verdankten. Für die ansehnliche Stärke des Zentrums in Nordrhein-Westfalen – dort war es bis 1958 im Landtag vertreten – war nicht zuletzt auch ihr dortiger Spitzenkandidat Rudolf Amelunxen verantwortlich. Amelunxen war nach dem Kriege zunächst Oberpräsident von Westfalen, später wurde er von der britischen Besatzungsmacht zum Ministerpräsidenten von Nordrhein-Westfalen ernannt. Als Sozial- und Justizminister gehörte er bis 1958 verschiedenen Kabinetten seines Nachfolgers Karl Arnold an.

Bei der ersten Bundestagswahl kam das Zentrum auf 3,1 % der Stimmen und zog mit 10 Abgeordneten in das Bundesparlament ein, wo es 1951 mit der Bayernpartei (BP) eine Fraktionsgemeinschaft unter dem Namen Föderalistische Union bildete.[18]

Die Gründer des Zentrums, unter ihnen Johannes Brockmann, Rudolf

Amelunxen, Carl Spiecker und Helene Wessel, die später über die Gesamtdeutsche Volkspartei Gustav Heinemanns zur SPD stoßen sollte, mißtrauten vor allem der CDU, von der sie befürchteten, daß sie als überkonfessionelle bürgerliche Sammlungsbewegung auch protestantisch-konservative Kreise anziehen und folglich auf strammen Rechtskurs gehen würde. Der aus der englischen Emigration zurückgekehrte Spiecker wollte aus dem Zentrum eine Art deutsche Labour Party machen.[19]

Im Soester Programm vom 14. Oktober 1945 bezeichnete sich das Zentrum zwar als Partei auf überkonfessioneller Grundlage, tatsächlich ist es aber nie aus der Rolle einer regionalen Interessenpartei des politischen Katholizismus herausgekommen. Es sah sich als »Hüter des Reichsgedankens auf föderativer Grundlage« und plädierte für eine »Neu- und Umgestaltung der Wirtschaftsordnung«.[20] Das Zentrum gab sich entschieden antinazistisch und verwehrte all jenen die Aufnahme, die »den Untergang der ersten deutschen Republik bewirkt und dem Nationalsozialismus den Steigbügel gehalten« hatten.

Das Elternrecht und die Forderung der Bekenntnisschule waren zentrale Programmpunkte. Wirtschaftspolitisch wurde die »Auflösung der großkapitalistischen Trust-, Kartell- und Monopolbildungen« und die »Überführung einzelner Wirtschaftszweige wie Bergbau-, Eisen- und Hüttenindustrie, Energieversorgung, Verkehrs- und Versicherungswesen und Großbanken in Gemeinbesitz« gefordert. Das Zentrum plädierte für eine partielle Bodenreform und forderte die »Neuschaffung selbständiger bäuerlicher Existenzen für Landarbeiter, Kleinbauern und Ostflüchtlinge durch Aufteilung der Latifundien«.

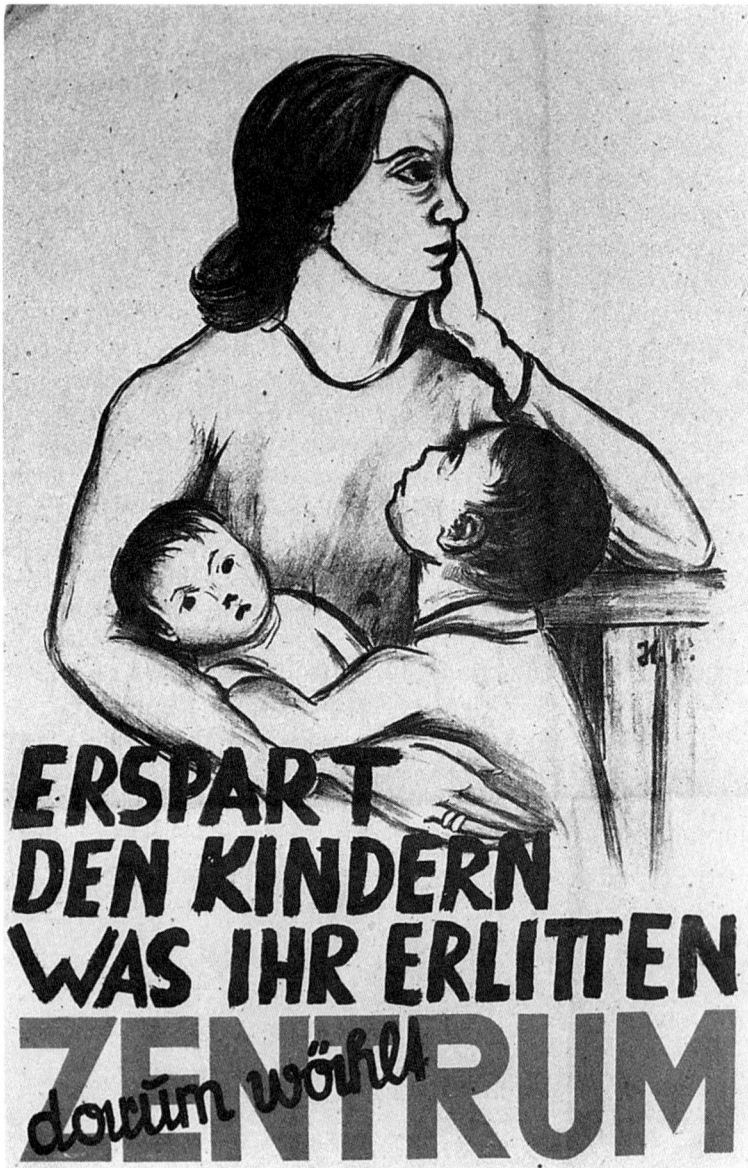

5. Die Deutsche Partei

Die Deutsche Partei (DP) ging aus der 1945 entstandenen Niedersächsischen Landespartei (NLP) hervor, die im März 1946 für die gesamte britische Zone lizenziert wurde.[21] Die NLP knüpfte an die welfische Tradition der Deutsch-Hannoverschen Partei an, die die Annexion Hannovers durch Preußen im Jahre 1866 rückgängig machen wollte und im Kaiserreich die Wiedereinsetzung des welfischen Königshauses forderte. In der Weimarer Zeit trat sie für die Gründung eines Landes Niedersachsen ein, blieb aber weiterhin stark welfisch-monarchisch gesinnt.

Im Juni 1947 nannte sich die NLP in Deutsche Partei (DP) um und beschloß, ihre Parteiarbeit über ihre Hochburg Niedersachsen hinaus auf alle westlichen Besatzungszonen auszudehnen. Auch die DP hatte ihren stärksten Wählerrückhalt in Niedersachsen, vor allem in der alteingesessenen evangelischen Agrarbevölkerung, wo sie bei der Wahl zum ersten Landtag noch als NLP mit fast 18 % der Stimmen drittstärkste Partei nur knapp hinter der CDU (20 %) wurde. Bei der Wahl zum ersten Bundestag erhielt die DP bundesweit 4 % der Stimmen, die ihr 17 Abgeordnetensitze einbrachten. In Niedersachsen stellte die DP mit Heinrich Hellwege von 1955 bis 1959 den Ministerpräsidenten. Im Bund war sie ein treuer Koalitionspartner der CDU, die ihr durch Wahlabkommen bzw. den Verzicht auf die Aufstellung eigener Direktkandidaten in den DP-Hochburgen den Einzug in den zweiten (mit 10 Direktmandaten) und dritten (6 Direktmandate) Bundestag ermöglichte. 1960 setzte der Zerfall der DP ein, als der größte Teil ihrer Bundestagsfraktion einschließlich ihrer beiden Minister im Kabinett Adenauer zur CDU übertrat.

Ideologisch verstand sich die DP als konservative Partei, rechts von der CDU und FDP stehend, die mit dem Slogan »Macht den rechten Flügel stark!« um Wählerstimmen warb. Zeitweilig kamen in der Partei auch reaktionäre und nationalistische Stimmen zu Wort, von denen sich ihr Vorsitzender Heinrich Hellwege aber distanzierte.

Wirtschaftspolitisch trat sie für Wettbewerb und freie Marktwirtschaft ein, kämpfte also auf diesem Gebiet für dieselben Ziele wie CDU/CSU und FDP. Die DP war ein scharfer Gegner der Mitbestimmung, Sozialisierungsforderungen lehnte sie ebenso entschieden ab wie Pläne einer Bodenreform in Niedersachsen. In der Landwirtschaftspolitik trat sie vor allem für eine gesunde Agrarstruktur und die Förderung der wirtschaftlichen Leistungsfähigkeit der bäuerlichen Betriebe ein.

Die DP wurde nicht müde, die Entnazifizierungspraxis und ihre wirtschaftlichen Folgen zu geißeln, setzte sich für die Interessen der entlassenen Beamten und ehemaligen Wehrmachtsangehörigen ein und verlangte die Gleichstellung von Angehörigen der Waffen-SS mit ehemaligen Berufssoldaten.[22]

In den großen außen- (Westintegration) und innenpolitischen Fragen (Wehrbeitrag) lag sie fast deckungsgleich auf der Linie der CDU. Es ist der DP nie richtig gelungen, sich rechts von der CDU als konservative Partei zu profilieren. Sie wurde von Anfang an als Partei empfunden, die im Fahrwasser der CDU mitsegelt. Zu diesem Eindruck haben sicherlich nicht nur die Koalitionen mit der CDU auf Bundes- und Landesebene beigetragen, sondern vor allem auch die Wahlkampfbündnisse (»Antimarxistischer Wahlblock«) und Wahlhilfeabkommen mit der CDU bei Landtags- und Bundestagswahlen.

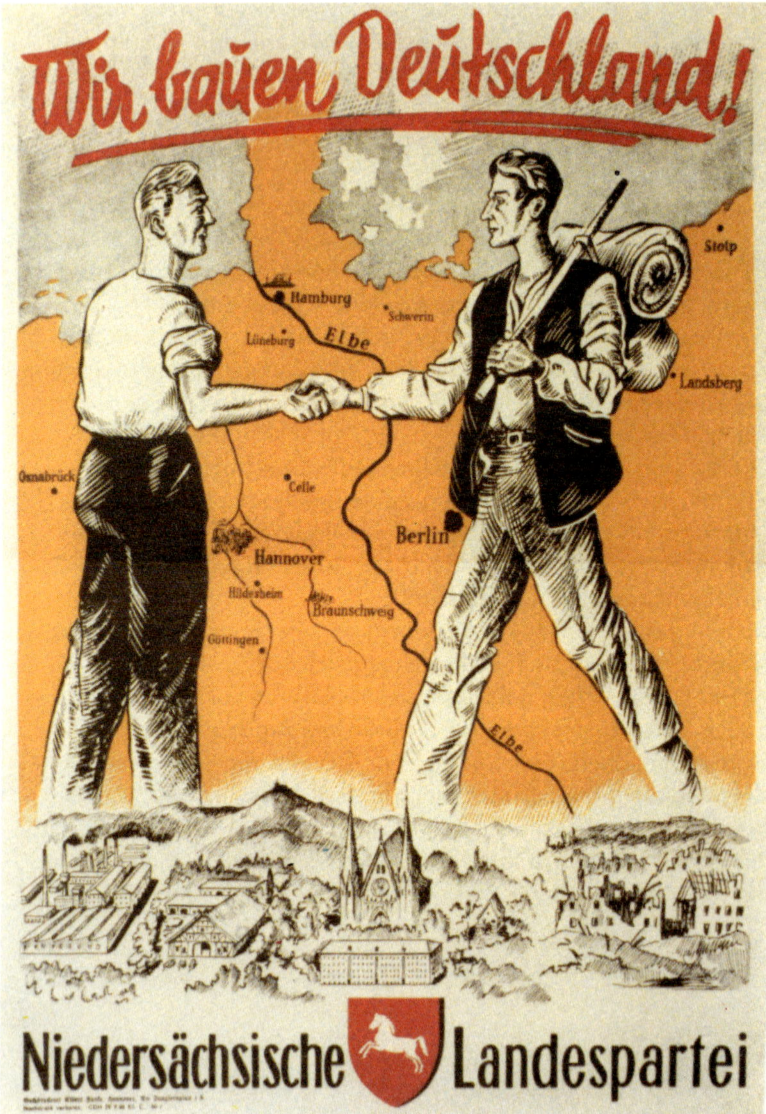
Wir bauen Deutschland!
Hamburg
Schwerin
Lüneburg
Elbe
Stolp
Landsberg
Osnabrück
Celle
Berlin
Hannover
Hildesheim
Braunschweig
Göttingen
Elbe
Niedersächsische Landespartei

TH. Schäfer, CDH 77 Hannover — 1818 / 7500 11. 48. Kl. B. Gedruckt für die Deutsche Partei.

6. KPD und SED

Auch die KPD konnte sich bei ihrem Wiederaufbau auf ehemalige Mitglieder und Kader aus der Zeit der Weimarer Republik stützen. Die entscheidenden organisatorischen Initiativen gingen von der Moskauer Exil-KPD aus. Aus Moskau wurde am 30. April 1945 die Gruppe Ulbricht eingeflogen, der zunächst die Aufgabe übertragen war, mit Hilfe deutscher Antifaschisten die Berliner Verwaltung aufzubauen. Sie wurde zur Keimzelle der neuen KPD. Am 11. Juni, einen Tag, nachdem die SMAD die Gründung »Antifaschistischer Parteien« in dem Befehl Nr. 2 erlaubt hatte, veröffentlichte die KPD einen u. a. von Wilhelm Pieck, Walter Ulbricht und Johannes R. Becher unterzeichneten Gründungsaufruf, in dem es hieß: »Wir sind der Auffassung, daß der Weg, Deutschland das Sowjetsystem aufzuzwingen, falsch wäre, denn dieser Weg entspricht nicht den gegenwärtigen Entwicklungsbedingungen in Deutschland.«[23]
Vorschläge zur Bildung einer Einheitspartei der Arbeiterklasse, die im Sommer 1945 vom Berliner Zentralausschuß der SPD um Grotewohl ausgingen, wurden von der KPD zunächst abgelehnt, da diese erst ihre eigene Parteiorganisation aufbauen wollte, um künftige Entwicklungen besser steuern zu können. Diese Direktive erging auch an die KPD in den Westzonen, aus deren Reihen ebenfalls der Ruf nach sofortiger Bildung einer Einheitspartei laut geworden war.
Die KPD in den Westzonen war bis 1948 dem Zentralkomitee in Berlin unterstellt, das auch ihre Strategie und Taktik bestimmte sowie materielle Unterstützung in Form von Geldspenden und Papierlieferungen leistete.

Seit dem Herbst 1945 setzte sich das Zentralkomitee der KPD vehement für die Bildung einer Einheitspartei mit der SPD ein, und zwar in allen Besatzungszonen. Inzwischen war der Berliner Zentralausschuß der SPD zu seinen ursprünglichen Plänen auf Distanz gegangen, und in den Westzonen lehnte die SPD-Führung unter Schumacher die Bildung einer Einheitsfront ohnehin kategorisch ab. Um so stärker konzentrierte sich die KPD auf die Fusion mit der SPD in der sowjetischen Zone, die durch eine aufwendige Propagandakampagne, Einschüchterung sozialdemokratischer Mitglieder und Funktionäre und durch stetigen Druck der sowjetischen Besatzungsmacht schließlich im April 1946 erreicht wurde. Stimmen, die eine Urabstimmung forderten, wurden unterdrückt. Diese kam nur in den Westsektoren Berlins am 31. März 1946 zustande und erteilte allen Verschmelzungsbemühungen eine deutliche Abfuhr: 82 % der Westberliner Sozialdemokraten sprachen sich gegen die Vereinigung aus. Die Gründung der SED und die weitere politische Entwicklung in der Sowjetzone wurden zum Trauma der SPD und haben die entschieden antikommunistische Haltung der Sozialdemokraten weiter verstärkt. In den Westzonen trat die KPD zunächst nicht als Partei des revolutionären Klassenkampfes auf, sondern als »antifaschistische Partei«, die sich für die Einheit Deutschlands, den Abzug der Besatzungsmächte und einen gerechten Frieden einsetzte. Erst im Laufe des Jahres 1948 wurde die These »vom besonderen deutschen Weg zum Sozialismus« aufgegeben, die Führungsrolle der KPdSU ausdrücklich herausgestellt und die Entwicklung in Westdeutschland »im Zeichen eines verschärften Klassenkampfes« gesehen. Durch ihre organisatorische und politische Abhängigkeit von der SED und ihre kritiklose Identifikation mit der Politik der Sowjetunion stieß die KPD in der westdeutschen Wählerschaft auf eindeutige Ablehnung. Vor dem Hintergrund des sich verschärfenden Ost-West-Konflikts (Berliner Blockade) wurde die KPD zunehmend als verlängerter Arm Moskaus angesehen. Das schlug sich auf ihre Wahlergebnisse nieder. Während sich ihr Stimmenanteil bei einigen Landtagswahlen anfangs noch um 10 % bewegt hatte, erreichte sie bei den ersten Bundestagswahlen nur 5,7 %. Es war der Auftakt ihres Abstiegs in die politische Bedeutungslosigkeit, der 1956 unnötigerweise mit dem Verbot endete.

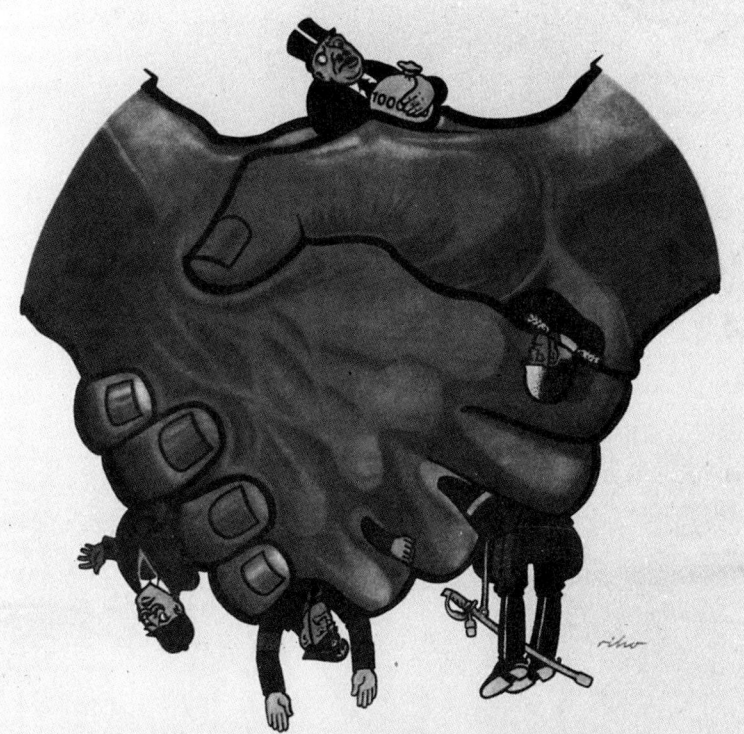

**Die Einheit der Werktätigen
zerbricht
die Macht der Reaktion!**

Wählt Kommunisten!

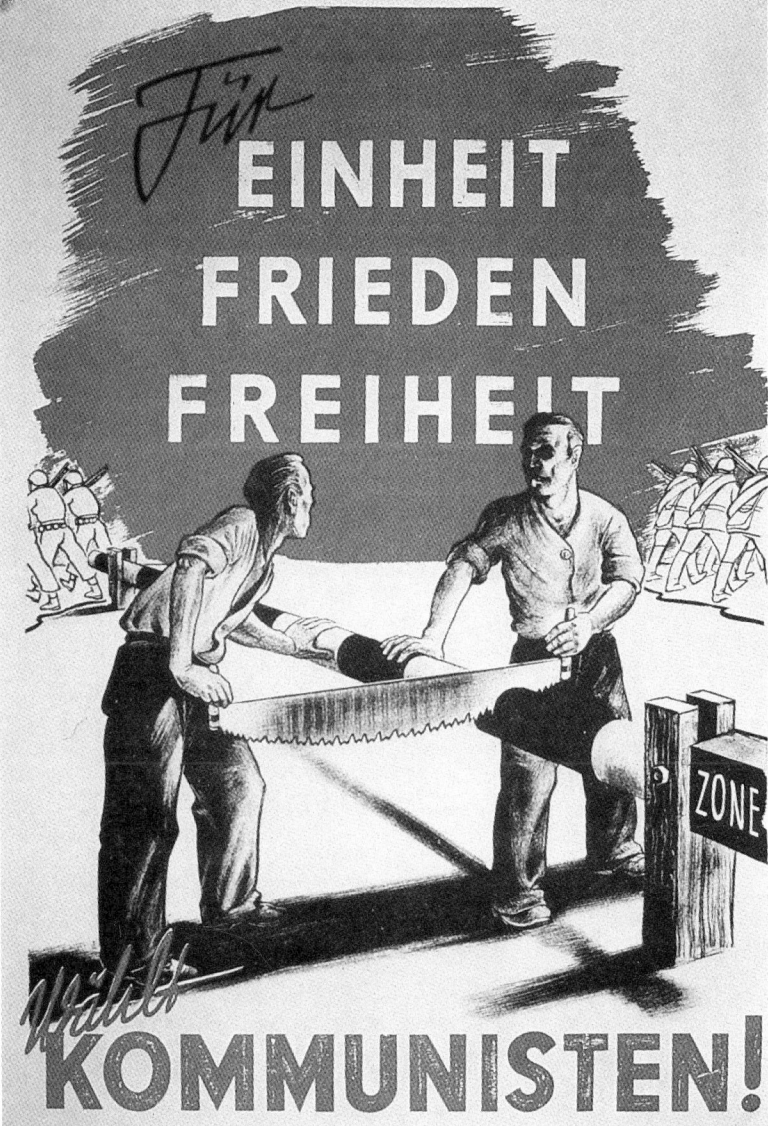

Für
EINHEIT
FRIEDEN
FREIHEIT

ZONE

wählt
KOMMUNISTEN!

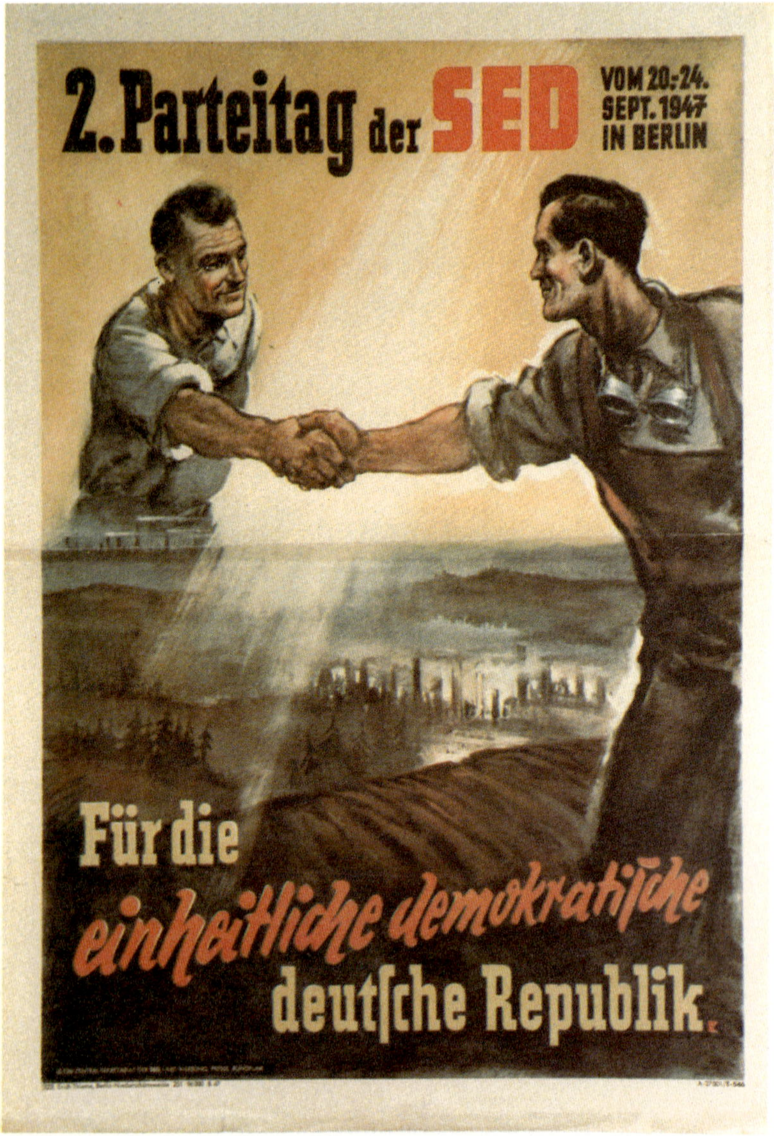
2. Parteitag der SED
VOM 20.-24.
SEPT. 1947
IN BERLIN
Für die
einheitliche demokratiſche
deutſche Republik.

7. Sonstige Parteien

Die Lizenzierungspolitik der Westmächte orientierte sich zwar am Vier-Parteien-Modell, dieses wurde von ihnen aber nicht als starres Schema an die politische Wirklichkeit angelegt, sondern durchaus regionalen Gegebenheiten angepaßt, so daß es auch zur Zulassung anderer Parteien kam. Zentrum und NLP/DP als Erweiterung des bürgerlichen Parteienspektrums wurden bereits genannt. Ihre Zulassungen stießen auf keine Schwierigkeiten, da beide Parteien historische Vorläufer hatten und insofern klar ideologisch einzuordnen waren. Kleinere politische Gruppierungen erhielten dann eine Lizenz, wenn sie die Zulassungsformalia erfüllten und die zuständigen Militärbehörden keine Einwände bezüglich ihrer Programmatik hatten. Manche Parteien wurden lediglich auf Kreisebene zugelassen oder spielten nur in einem bestimmten Land vorübergehend eine Rolle, anderen gelang es aufgrund regionaler Hochburgen bzw. Wahlerfolge, über einen längeren Zeitraum politische Beachtung zu finden. Langfristig mußten sie alle von der politischen Bühne abtreten, weil sie keine nennenswerte Anhängerschaft gewinnen konnten oder weil ihre Wähler zu anderen Parteien abwanderten.
In Hamburg beteiligte sich die Republikanische Partei Deutschlands (RPD), die mittelständische Interessen vertrat, 1946 erfolglos an den ersten Bürgerschaftswahlen. Ihre Versuche, in West-Berlin politischen Boden zu gewinnen, blieben ebenfalls erfolglos.
Die Radikal-Soziale Freiheitspartei (RSF), die freiwirtschaftliche Vorstellungen im Sinne Silvio Gesells propagierte, kandidierte bei den ersten Bürgerschaftswahlen in Hamburg und Bremen und bei der ersten Bundestagswahl, ebenfalls ohne Mandatsgewinn.

Im Rheinland trat eine separatistische Rheinische Volkspartei (RVP)
auf, kam über kommunale Mandatsgewinne aber nicht hinaus.
In Hessen beteiligte sich die Arbeiterpartei (AP), die sich als
Einheitspartei der Arbeiter verstand, an der ersten Landtagswahl.
In Niedersachsen und Nordrhein-Westfalen kandidierte die Deut-
sche Rechtspartei für die ersten Landtage.
In der britischen Zone versuchte die Deutsche Konservative Partei
(DKP) unter ehemaligen deutsch-nationalen Wählern zum Sammeln
zu blasen. Der DKP gelang es 1949 über eine gemeinsame Wahlliste
mit der CDU und FDP unter dem Namen »Vaterstädtischer Bund
Hamburg«, einen Kandidaten in die Hamburger Bürgerschaft zu
bringen.
Bis auf die politische Rechte waren alle genannten Parteien letztlich
politische Eintagsfliegen. Der Rechten (DRP/DKP) gelang es bei der
Wahl zum ersten Bundestag, in Niedersachsen 8,1 % der Wählerstimmen auf sich zu vereinigen und 5 Abgeordnetensitze in Bonn zu
gewinnen.
Eine Sonderstellung nahm der Südschleswigsche Wählerverband
(SSW) als Vertretung der dänischen Minderheit in Schleswig ein, der
aber auch zahlreiche deutsche Stimmen, von den sogenannten
Speckdänen, gewinnen konnte. Der SSW propagierte anfangs den
Anschluß Schleswigs an Dänemark, drang mit dieser Forderung
aber weder bei den Engländern noch in Kopenhagen durch. Er
forderte die Trennung Südschleswigs von Holstein und »ein besonderes Land Südschleswig mit eigenem Landtage innerhalb der britischen Besatzungszone« sowie die »Freiheit und Gleichberechtigung
der drei Sprachen und Kulturen des Landes (dänisch, friesisch und
deutsch)«.[24]
Bei der Landtagswahl vom 20. April 1947 erhielt der SSW 9,3 % der
gültigen Stimmen, das entsprach fast 100 000 Wählern. Mit der Normalisierung der Verhältnisse ging der Stimmenanteil des SSW merk-
lich zurück; seit 1958 ist der SSW von der Sperrklausel des Landes-
wahlgesetzes befreit.
Zu den beiden zeitweilig am erfolgreichsten agierenden kleineren
Parteien gehörten die WAV und die BP, die beide ihren regionalen
Schwerpunkt in Bayern hatten.

Die Wirtschaftliche Aufbau-Vereinigung

Die Wirtschaftliche Aufbau-Vereinigung (WAV) wurde Ende 1945 von dem Münchner Rechtsanwalt Alfred Loritz gegründet und im März 1946 für ganz Bayern zugelassen.[25] Über den bayerischen Raum hinaus ist die WAV nirgendwo von politischer Bedeutung gewesen, ihre Mandate im ersten Bundestag verdankte sie ausschließlich bayerischen Wählern. Sie gehörte der ersten demokratisch legitimierten bayerischen Regierung aus CSU, SPD und WAV an, die jedoch im September 1947 zerbrach.

Bei der bayerischen Landtagswahl von 1946 erhielt sie 7,4 % der Stimmen. Ihr bestes Wahlergebnis hatte sie bei der ersten Bundestagswahl, bei der sie zwar bundesweit nur 2,9 %, in Bayern aber 14,4 % der Stimmen erhielt und daher mit 12 Abgeordneten in den Bundestag einziehen konnte. Dieses gute Ergebnis verdankte die WAV einem Wahlbündnis mit dem Neubürgerbund, der größten Flüchtlingsorganisation in Bayern. Mit der Aufhebung des Lizenzierungszwanges für Parteien und der Gründung des BHE als Interessenpartei der Flüchtlinge verlor die WAV dieses Wählerpotential, so daß sie 1950 nicht mehr den Sprung in den bayerischen Landtag schaffte. Etwa zu diesem Zeitpunkt führten Streitigkeiten in der Partei zum Zerfall der Bundestagsfraktion. Versuche, mit prominenten Führern der SRP eine politische Zukunft zu finden, blieben ebenfalls erfolglos.

Öffentliche Aufmerksamkeit erhielt die WAV vor allem durch ihren Vorsitzenden Alfred Loritz, der es in Bayern vorübergehend sogar zum Entnazifizierungsminister gebracht hatte. Loritz war eine schillernde Figur in der deutschen Nachkriegspolitik. Er verfügte über erhebliche demagogische Talente, von denen er vor allem im Kampf gegen die »alten Parteien« hemmungslos Gebrauch machte und statt »Parteibuchwirtschaft« den politisch unabhängigen Fachmann glorifizierte. Loritz verstand es, antiparlamentarische Affekte in der Bevölkerung zu mobilisieren und die WAV als einzige Alternative zum »korrupten Parteiensystem« darzustellen. Die WAV war in vielerlei Beziehung eine Protestpartei mit stark populistischen Zügen, die publikumswirksam die Stärkung des Volkswillens und die Einführung plebiszitärer Elemente propagierte. So war Loritz schon in der

Verfassunggebenden Landesversammlung von Bayern mit einem Antrag gescheitert, der eine obligatorische Volksabstimmung bei Gesetzen forderte, die eine »Erhöhung oder Neuverteilung von Steuer-
lasten, eine Abänderung des Geldwertes, Gewährung von Staats-
krediten, Festsetzung des Haushaltsplans, Zwangsenteignung oder
Beschlagnahmen, Einschränkungen der persönlichen oder gewerb-
lichen Freiheit sowie der Presse-, Vereins- und Versammlungsfreiheit
anordnet«.[26]
Die Loritz-Partei hatte weder eine konsistente politische Linie ge-
schweige denn ein geschlossenes politisches Programm, dementsprechend konfus und widersprüchlich war auch ihre politische
Praxis.

Die Bayernpartei

Die Bayernpartei (BP) wurde Ende November 1946 von der amerikanischen Besatzungsmacht lizenziert – fast ein Jahr später als die
CSU, was für die BP gewisse Startnachteile mit sich brachte.[27] So
konnte die BP an der ersten bayerischen Landtagswahl (1. Dezember
1946) noch nicht teilnehmen. Bei der Wahl zum ersten Bundestag
erhielt sie 4,2 % der Stimmen, so daß sie mit 17 Abgeordneten in
das Parlament einziehen konnte. In Bonn gehörte sie zu den bürgerlichen Oppositionsparteien. 1951 gründete die BP mit dem Zentrum
unter dem Namen Föderalistische Union eine Fraktionsgemeinschaft
im Bundestag.
Bei der zweiten bayerischen Landtagswahl (1950) kam die BP auf
fast 18 % der Stimmen, während die CSU hohe Stimmenverluste
hinnehmen mußte und auf nahezu die Hälfte ihrer Stimmen zurück-
fiel. Während die Zugehörigkeit der BP zum Bundestag Episode
blieb – 1953 gelang ihr nicht mehr der Sprung nach Bonn –, spielte
sie in der bayerischen Landespolitik als Konkurrenzpartei zur CSU
noch eine beachtliche und oft schillernde Rolle.
Ihre Anhängerschaft fand sie hauptsächlich in der bayerischen
Landbevölkerung, unter Handwerkern, Landwirten und im kleinen
Mittelstand. Unter dem Slogan »Bayern den Bayern« machte sie vor
allem gegen Evakuierte und Heimatvertriebene Stimmung und

»wurde rasch zu einem bunten Sammelbecken partikularistisch und monarchistisch gesinnter Gruppen«.[28]

In ihrem Programm von 1949 forderte die BP »einen selbständigen lebensfähigen bayerischen Staat im Rahmen einer deutschen und europäischen Staatengemeinschaft« sowie das Amt eines Staatspräsidenten für Bayern, die »Schaffung einer dem Landtag gleichberechtigten Ständekammer« und ein bayerisches »Staatsangehörigkeitsgesetz«.[29]

eine Breſche für Bayerns Freiheit
gegen Preußentum und Zentralismus
Bayernpartei

REPUBLIKANISCHE PARTEI DEUTSCHLANDS

Zentral-Büro
Chilehaus C

Von der
Militärregierung
zugelassen

Keine Nazipropaganda aus vergangenem Jahrzehnt
sondern

kombinierter Schrank
für Eßwaren, Schuhcreme, Seife usw.

der **Flüchtlinge**
und **Ausgebombten**

*für 4–6 Personen
in einem Hamburger Bunker*

*100 Mtr. weiter in einem
Hamburger Wohnhaus*

*20 qm Wohnraum
für 1–2 Personen*
der Unbelehrbaren und Glücklichen,
denen die Bombe nur in den Garten fiel

Wir fordern
Gerechten Lastenausgleich
Ausreichenden Wohnraum für Ausgebombte und Flüchtlinge!
Gerechte Exekutivorgane
Gerechte Verteilung des vorhandenen Wohnraums

Wählt die Kandidaten der R P D !

Henssel-Herms Hamburg 4, EP 7t2/4 118-4000 Sept. 46 Kl. C   Mit Genehmigung der Militärregierung

Lebensbedingungen und Versorgungslage

1150 Kalorien für Otto Normalverbraucher

Die katastrophalen Folgen des Krieges wurden am augenfälligsten in der nahezu völligen Zerstörung der Städte und Verbindungswege sichtbar. Durch die anglo-amerikanischen Flächenbombardements lag der größte Teil der deutschen Stadtzentren in Schutt und Asche, bevor alliierte Truppen im Herbst 1944 deutschen Boden betraten (21. Oktober 1944 Einnahme Aachens). Die Kampfhandlungen auf deutschem Gebiet taten ein übriges. Insgesamt wurden 131 deutsche Städte durch Großangriffe aus der Luft weitgehend vernichtet.[1] In den westlichen Zonen wurden 18 % der Wohnungen durch Kriegseinwirkungen total zerstört, 27 % beschädigt, und nur 55 % der Wohnungen hatten den Krieg unbeschädigt überdauert.[2] In den Großstädten, die die stärksten Kriegsfolgen aufwiesen, lag der Anteil zerstörter Wohnungen noch erheblich höher: Köln mit 72 %, Wilhelmshaven mit 60 %, Emden mit 74 % und Hannover mit 51 %, um nur einige Beispiele zu nennen.[3]

Die alliierte Luftkriegsstrategie hatte sich zunächst darauf konzentriert, neben strategischen Zielen die Wohnviertel zu bombardieren, um die Bevölkerung zu demoralisieren. Die Folge war ein katastrophaler Wohnraummangel, der durch die Flüchtlingsströme aus dem Osten und die alliierte Beschlagnahmepraxis noch verschärft wurde. Zustände, wie man sie heute aus den Slums der Dritten Welt kennt, gehörten für viele Ausgebombte, Flüchtlinge, Heimkehrer und Heimatlose zur Alltagserfahrung nach dem Kriege. Baracken, Keller, Bunker, Nissenhütten und notdürftig reparierte Ruinen boten vielen Familien das erste Dach über dem Kopf. Oft dauerte dieser Zustand Jahre an. Andere waren noch schlimmer dran: Sie mußten in Massenquartieren oder Lagern leben. Mehrköpfigen Familien stand dort oft nicht mehr als ein Raum zur Verfügung. Wer in einem unzerstörten Wohnhaus ein Zimmer bewohnte und sich mit mehreren Parteien eine Küche teilte, war schon beinahe privilegiert.

Auch die Versorgung mit Wasser, Gas und Strom war in den ersten Nachkriegsmonaten völlig unterbrochen oder zumindest stark eingeschränkt. Und nach der Wiederaufnahme der Energieversorgung wurden Strom und Gas streng kontingentiert. Wer die zugebilligten Mengen überschritt, mußte die hundertfache Gebühr für die zuviel gebrauchten Kilowatt-Stunden zahlen und mit vierwöchigen Stromsperren oder Gerichtsverfahren rechnen.[4]

Das Transportwesen war völlig zusammengebrochen. Bahnhöfe, Gleis- und Signalanlagen sowie Brücken waren entweder zerstört oder nicht mehr betriebsfähig. In der britischen Zone waren von 13 000 Streckenkilometern im Mai 1945 nur 1000 befahrbar, in der französischen Zone waren es von 5700 ganze 500.[5] Darüber hinaus stand kaum Transportraum zur Verfügung. Kanäle, Schleusen und Hafenanlagen waren, soweit sie die Fliegerangriffe überdauert hatten, durch Hitlers Befehl der »verbrannten Erde« oft in letzter Minute gesprengt worden. Allein in der britischen Zone waren rund 1500 Straßen- und 1300 Eisenbahnbrücken zerstört.[6]

Die Zerstörung des Transportsystems war neben den Flächenbombardierungen der Städte das vorrangige Ziel der alliierten Luftstrategie gewesen. »Auf die Zivilbevölkerung und auf das Transportsystem fielen jeweils siebenmal mehr Bomben als auf die Rüstungsindustrie.«[7]

Die Bergwerke an der Ruhr waren nach Kriegsende schnell wieder in der Lage, Kohle zu fördern. Das größte Problem bestand jedoch darin, diese Kohle dorthin zu transportieren, wo sie gebraucht wurde. Die große Energiekrise im Winter 1946/47 war in erster Linie eine Transportkrise. Der amerikanische Vorschlag, eine zentrale deutsche Transportverwaltung einzurichten, scheiterte im Kontrollrat am Veto der Franzosen. Auch die Einrichtung einer zentralen Eisenbahnverwaltung in Deutschland wurde von den Franzosen blockiert.[8]

Noch schlimmer zu ertragen als die Wohnungsnot war die Ernährungslage. Die verlorenen Gebiete jenseits von Oder und Neiße und

die strikte Trennung der Besatzungszonen hatte die seit der Industrialisierung gewachsene Wirtschaftsstruktur des Deutschen Reiches mit seinen Verflechtungen und gegenseitigen Abhängigkeiten von Industrie und Landwirtschaftsgebieten zerstört. Durch den Verlust der östlichen Provinzen hatte Deutschland etwa ein Viertel seiner landwirtschaftlichen Anbauflächen und Wälder sowie mehr als ein Fünftel seines Viehbestandes verloren. Darüber hinaus ging ein Sechstel der Stein- und Braunkohlelager des Reiches verloren.[9]
Die reduzierte landwirtschaftliche Nutzfläche, die durch die Kampfhandlungen im Herbst 1944 und Frühjahr 1945 erheblich behinderte Aussaat, das Verbot bzw. die Unmöglichkeit, Landwirtschaftsprodukte zu importieren, der Mangel an Saatgut, Kunstdünger und Arbeitskräften ließen eine Hungerkatastrophe als unvermeidbar erscheinen. Die festgesetzten Minimalrationen lagen weit unter dem Existenzminimum. Nach den Richtlinien des Völkerbundes von 1936 benötigt ein arbeitender Mensch 3000 Kalorien pro Tag. In der britischen Zone standen offiziell 1150 Kalorien pro Kopf zur Verfügung.[10] In vielen Städten wurden diese Richtzahlen zeitweise stark unterschritten. In den Hungermonaten des Jahres 1947 lagen die Zuteilungen in Essen und Köln zwischen 700 und 800 Kalorien pro Tag.
Isaac Deutscher, der im September 1945 Berlin besuchte, berichtete über seine Eindrücke wie folgt:
»Blickt man von den Kleidern auf die Gesichter, so wird deutlich, was es heißt, halb verhungert zu sein. Was auffällt, ist nicht die Magerkeit, nicht einmal die allgemeine Müdigkeit, sondern die Gesichtsfarbe. Die Gesichter der Babys in den Kinderwagen sind leichenfahl; das Fleisch hat ein wächsernes oder seifenartiges Aussehen. Kleine Kinder sind gelb, aber die 12jährigen weisen die Blässe der Erwachsenen auf, außer wenn sie offenbar von der Gelbsucht verfärbt sind; die Gesichter der wenigen Alten sind genauso totenblaß oder gelb wie die der Babys oder Kleinkinder.«[11]
Wer irgend konnte, versuchte seinen Speisezettel durch das Sammeln von Pilzen, Beeren, Bucheckern, Eicheln oder Ähren anzureichern, sofern die Jahreszeit dies zuließ. Selbst diese Form der Selbstversorgung war nur mit entsprechendem Berechtigungsschein erlaubt.

Um der Unterernährung bei Schulkindern entgegenzuwirken, entschloß sich die britische Militärregierung, ab 1. Februar 1946 in Städten über 5000 Einwohnern täglich eine markenfreie Mahlzeit in den Schulen auszugeben. Für viele Kinder war diese Schulspeisung das einzig warme Essen am Tag. Auf Initiative des früheren amerikanischen Präsidenten Herbert Hoover wurde im Frühjahr 1947 in der amerikanischen Zone ebenfalls eine Schulspeisung gestartet.

Familien, die in den Besitz eines heißbegehrten Care-Paketes gelangten, konnten sich glücklich schätzen. Care (Cooperative for American Remittances to Europe) war eine Hilfsorganisation, die ausschließlich mit Spenden amerikanischer und kanadischer Privatleute arbeitete. Seit dem 5. Juni 1946 wurden Care-Pakete in der amerikanischen Zone verteilt, für die amerikanische Spender zunächst 15 Dollar, ab September 1946 10 Dollar bezahlen mußten. Sie enthielten eine ausgewogene Mischung der lebensnotwendigen Lebensmittel, aber auch Genußmittel wie Schokolade und Erdnüsse, die viele Kinder nur vom Hörensagen kannten.[12]

Zu Obdachlosigkeit, Hunger und Unterernährung kam als dritte Geißel der Nachkriegszeit der Mangel an Brennstoffen, der besonders in dem »Jahrhundertwinter« 1946/47 verheerende Folgen hatte. Um die Bevölkerung vor dem Erfrierungstod zu bewahren, mußten öffentliche Wärmestuben eingerichtet werden. Der Hamburger Schriftsteller Hans-Erich Nossack schrieb Ende 1945 in einem Brief: »Vor allem ist da aber die Kälte, die Gedanken verwirren sich darüber... Die meisten Menschen laufen mit geschwollenen Fingern und offenen Wunden umher, und es lähmt alle Tätigkeit... Von acht bis drei Uhr halte ich im Geschäft aus – erst ab drei Uhr gehen die Verkehrsmittel wieder –, bin dann aber auch so erfroren, zumal ich nur zwei Scheiben trockenes Brot mitnehmen kann, daß ich kaum mehr gehen kann, und dann beginnt ein harter Kampf um die U-Bahn. Inzwischen hat meine Frau morgens Stunden gegeben, eilt mittags eine Stunde weit, um das Essen aus der Volksküche zu holen, worauf wir mangels Gas, Elektrizität und Kochgelegenheit angewiesen sind, obwohl die meisten Lebensmittelmarken dabei draufgehen.«[13]

Wer ausschließlich auf die amtlichen Lebensmittel- oder Brennstoffzuteilungen angewiesen war, mußte ein Leben am Rande des Existenzminimums führen. Die Beschaffung zusätzlicher Lebensmittel war in allen Haushalten das vorrangige Problem. Nahrungsmittel, Genußmittel wie Kaffee, Schokolade oder Zigaretten sowie Güter des täglichen Bedarfs waren nur auf dem Schwarzmarkt erhältlich, der zwar verboten war, aber trotz häufiger Razzien in allen Städten blühte. Da das Geld nicht mehr viel wert war, außer bei der Bezahlung amtlich zugeteilter Waren, wurde Ware gegen Ware getauscht. Geistige Nahrung wurde aus diesen Tauschgeschäften nicht ausgeschlossen. So erhielt Eugen Kogon, Mitbegründer der »Frankfurter Hefte«, für eine Rede, die er in Offenbach hielt, einen halben Zentner Kartoffeln als Honorar.[14]

Horrende Summen mußten auf dem Schwarzmarkt gezahlt werden. Ein Kilogramm Butter, das – falls überhaupt erhältlich – vier Reichsmark kostete, wurde auf dem Schwarzmarkt mit dem hundertfachen Preis bezahlt. Der Schwarzmarktpreis für Kaffee lag im Frühjahr 1947 bei 1100 Reichsmark. Für die meisten Zeitgenossen waren das unerschwingliche Summen, denn ein Holzfäller in Frankfurt erhielt z. B. bei freier Unterkunft einen Lohn von 95 Pfennig pro Stunde und die begehrte Schwerarbeiterzulage.[15] Für solch einen geringen Lohn zu arbeiten, lohnte sich höchstens wegen der Zulage.

Mit Kompensationsgeschäften konnten allerdings nur diejenigen ihre Lage verbessern, die über entsprechende Wertgegenstände oder rare Güter verfügten: Flüchtlinge, Heimkehrer und Ausgebombte, die oft nur noch das besaßen, was sie auf dem Leibe trugen, waren gezwungen, »anständig« zu bleiben und – zu hungern. Andere versuchten, durch Hamstern auf dem Lande oder mit Schmuggeln ihre Lage zu verbessern. Als heimliche Währung hatte sich neben den knappen Devisen, vor allem dem Dollar, die Zigarettenwährung durchgesetzt. Mit einer Packung »Chesterfield« ließ sich mehr anfangen als mit einem Bündel Reichsmark. Wer über amerikanische Zigaretten, kurz »Amis« genannt, oder Dollars verfügte, konnte sich alles kaufen:

»Die Zigarettenwährung powert das Land aus. Teppiche, Silber, Kunstwerke, Fotos, Schmuck und Radiogeräte: All diese Überreste eines höheren Lebensstandards werden in Lebensmittel umgetauscht, fließen waggonweise gegen Zigaretten ins Ausland, werden in blauen Rauch umgewandelt.«[16]

Max Frisch besuchte im Herbst 1947 Berlin und notierte in seinem Tagebuch:

»Kurfürstendamm. Kurt kauft eine kleine Skizze von Liebermann. Ferner gäbe es: drei Täßlein aus Meißner Porzellan, ein alter Stich, darstellend die Garnisonskirche zu Potsdam, einen Aschenbecher aus Messing, Brieföffner, Ohrringe und was man sonst nicht braucht. Alles unerschwinglich, wenn man mit Löhnen rechnet, aber billig, wenn man mit Zigaretten rechnet. Ein kleiner Buddha, ein schöner, für 500 Zigaretten. Hundert Schritte weiter stehen die sogenannten Trümmerweiber, die sich mit Schaufel und Eimer gegen das Unabsehbare verbrauchen. Es wirkt nicht wie Arbeit, sondern wie Strafkolonie. 40 Mark in der Woche, sind 4 Zigaretten.«[17]

Unterernährung und die katastrophalen Wohnverhältnisse mit ihren schlechten hygienischen Bedingungen machten die Menschen besonders anfällig für Krankheiten. Viele waren ausgezehrt und verfügten kaum über körpereigene Abwehrkräfte. Hungerödeme waren an der Tagesordnung. Erkrankungen wie Tuberkulose, Typhus, Diphtherie oder Scharlach, die heute unter gesunden Lebensbedingungen bei regulärer ärztlicher Versorgung ihre Schrecken verloren haben, kamen oft einem Todesurteil gleich. Geschlechtskrankheiten grassierten. Alliierte Kommandeure glaubten, ihre Soldaten davor schützen zu können, indem sie schwere Strafen für die Übertragung von VD (Veneral Disease) ankündigten.

Medikamente, vor allem das wirksame Penicillin, waren Mangelware oder gar nicht regulär erhältlich. Auch der schwarze Medikamentenhandel florierte.

In der US-Zone waren ein Viertel aller verstorbenen Kinder unter einem Jahr alt.[18] Über die Säuglings- und Kindersterblichkeit in Berlin schreibt Peter Weiss im Sommer 1947:

»Auch die allerjüngste Generation ist besiegt: Entweder wird sie erst gar nicht geboren oder, wenn sie doch geboren wird, so gibt es nur wenig Überlebenschancen. Die Tuberkulose nimmt ständig zu. Im Krankenhaus gibt es für die Patienten keine Betten, es gibt keine Medikamente, keine Bettwäsche, kein Verbandszeug. 90 % der Kranken müssen abgewiesen werden und müssen wieder nach Hause, wo sie wegen der beengten Wohnverhältnisse die anderen anstecken.«[19]

Die Ernährungslage

Sind Ihnen folgende Tatsachen bekannt ❓

Während der letzten sechs Monate wurden mehr als 50% des Brot-
und Mehlverbrauchs der britischen Zone durch Einfuhr in die Zone
gedeckt.

500,000 Tonnen Nahrungsmittel wurden während dieser sechs
Monate in die britische Zone importiert.

Keine Nahrungsmittel wurden aus der Zone exportiert und fast
der gesamte Nahrungsmittelbedarf der britischen Besatzungstruppen
wurde durch Einfuhr gedeckt.

Während derselben Zeitspanne wurde die Lebensmittelzuteilung
in England gekürzt.

Der Krieg hat eine Nahrungsmittelknappheit in der ganzen Welt
verursacht und andere Länder, besonders Indien, stehen vor der
Hungersnot.

93% der Nahrungsmittel für die verschleppten Personen in
Deutschland werden jetzt eingeführt, obwohl die deutsche Bevölkerung
die Verantwortung für die Ernährung dieser schwerbetroffenen
Menschen trägt.

Der deutsche Beitrag für die Ernährung dieser Menschen beträgt
demnach nur 7% und besteht nur aus frischem Gemüse.

Eine unmittelbare Besserung der Lage ist nicht zu erwarten, da
eine Erhöhung der deutschen Lebensmittelzuteilung nur mit einer
Vergrößerung der Hungersgefahr in den alliierten und in den früher
von Deutschland besetzten Ländern erkauft werden könnte.

Jeder einzelne Deutsche in der britischen Zone muß deshalb
zunächst alles tun, um die Nahrungsmittelerzeugung zu steigern und
eine gerechte Verteilung sicherzustellen.

Sobald die gegenwärtige Welternährungskrise überwunden ist,
werden Schritte unternommen, um die Ernährungslage auch in der
britischen Zone zu bessern.

Herausgegeben von den britischen Militärbehörden

Printed by PRINTING & DISTRIBUTION UNIT, Central Commission for Germany (B.E.)

Fleckfieber-Gefahr!

DIE LAUS IST DEIN FEIND!

Ostflüchtlinge
können Fleckfieber auf
dich übertragen, ohne
zu wissen, daß sie krank sind.

Jeder Flüchtling muß zu dem nächsten Flüchtlings-Lager gehen und sich mit einem besonderen Puder behandeln lassen. Er ist für Menschen vollkommen harmlos.

Es ist die Pflicht aller Mitbürger aufzupassen, daß dies ausgeführt ist.

VERMEIDE DIE GEFAHR!

PSS / 30 C / 281. I M

GESCHLECHTS-KRANKHEITEN –

Eine Volksseuche!

Deutscher Mann   Deutsche Frau

Kennst Du die Bedeutung und die Folgen der nebenstehenden Kurve?

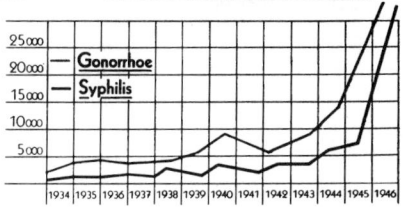

Diese Kurve zeigt, daß die Zahl der Geschlechtskrankheiten heute im Jahre **1946** gegenüber dem Jahr **1933** um das **30** fache gestiegen ist.

Enthalte Dich allen Verlockungen, die das Leben und die Straße Dir bieten. Erhalte Dir und Deinen Nachkommen die Gesundheit.

Bist Du aber erkrankt,
dann bleibe nicht aus falscher Scham vom Arzt weg.

Gehe nicht zu Kurpfuschern oder weisen Tanten!

Mit Penicillin
kannst Du in kürzester Zeit von der Gonorrhoe geheilt werden. – Glaube aber nicht, daß durch Penicillin eine Geschlechtskrankheit eine harmlose Bagatelle geworden sei. Sie bleibt nach wie vor eine sehr ernste Krankheit!

Eltern und Erzieher
klärt Eure Kinder und Pflegebefohlenen auf.

IHR ALLE
aber helft mit das kostbare Gut Eurer Gesundheit zu erhalten und wertvolles Volksvermögen zu ersparen.

Bekanntmachung

über die Besteuerung von Kleinpflanzertabak im Erntejahr 1947

Tabakkleinpflanzer dürfen höchstens 200 Tabakpflanzen auf einer Fläche bis zu 50 qm anbauen. Der Tabakkleinpflanzer muß im bürgerlich-rechtlichen Sinne Besitzer des Grundstücks sein, das mit Tabak bepflanzt ist. Die Höchstzahl von 200 Pflanzen gilt ohne Rücksicht auf die Zahl der Familienangehörigen oder der im Haushalt oder Betrieb des Kleinpflanzers beschäftigten Personen. Der gewonnene Rohtabak darf nur für den eigenen Hausbedarf verwendet werden, es ist unzulässig, ihn an andere Personen abzugeben, insbesondere ihn zu verkaufen oder zu vertauschen. Das gleiche gilt für daraus hergestellte Halb- und Fertigerzeugnisse.

Die Tabaksteuer beträgt bei einem Anbau

von	1— 15 Pflanzen	steuerfrei
von	16— 50 Pflanzen	12,— RM
von	51—100 Pflanzen	24,— RM
von	101—150 Pflanzen	36,— RM
von	151—200 Pflanzen	48,— RM

Bei einem Anbau von mehr als 15 Pflanzen ist die Gesamtzahl der angebauten Pflanzen anzumelden und zu versteuern.

Maßgebend für die Versteuerung ist die Zahl der angebauten Pflanzen am Tage der Anmeldung. Eine Steuerermäßigung wegen späteren Ausfalls von Pflanzen durch Absterben, Mißwuchs, Diebstahl u. a. wird nicht gewährt.

Der Anbau von steuerpflichtigem Kleinpflanzertabak ist bis zum 31. Juli 1947, bei späterem Anbau binnen 3 Tagen der zuständigen Zollstelle schriftlich (z. B. durch Postkarte oder auf dem Zahlkartenabschnitt) oder mündlich anzumelden. In Orten o h n e Zollstelle ist der Anbau bei der Gemeindebehörde anzumelden.

Die Anmeldung hat zu enthalten:

Name und Anschrift des Kleinpflanzers, die Lage der Pflanzung, die Anzahl der Pflanzen und die Erklärung: „Nur für den eigenen Hausbedarf".

Die Steuer ist zugleich mit der Anmeldung zu entrichten. Der Steuerschuldner hat die über die Entrichtung der Tabaksteuer erhaltene Quittung oder den Einlieferungsschein ein Jahr lang aufzubewahren.

Es ist verboten, Kleinpflanzertabak durch andere gegen Entgelt irgendwelcher Art verarbeiten oder bearbeiten (z. B. fermentieren und schneiden) zu lassen.

Zuwiderhandlungen sind strafbar. Bestimmungswidrig angebauter Tabak kann eingezogen werden.

Der Oberfinanzpräsident Hannover

In der Stadt Wolfenbüttel ist der Tabakanbau beim Zollamt Wolfenbüttel Kornmarkt 14, anzumelden.

Limbach, Braunschweig, CGF 146. B 20/8000. 5.47. Kl.A

Kampf dem Schmuggel

Kampf dem Schwarzhandel

Waren aus Besatzungshand
sofort zum Zollamt

SCHMUGGLER UND SCHWARZHÄNDLER
BESTEHLEN DAS VOLKSVERMÖGEN

Heſſenhilfe gibt von Wenigen denen, die nichts haben

Sammlung der Hessischen Notgemeinschaft 1948
vom 20. bis 28. November 1948

Spendenkonten: Nassauische Landesbank, Wiesbaden Nr. 9821 · Postscheckkonto: Frankfurt a. M. 7208

Mainzer Verlagsanstalt und Druckerei

u h r h a n
WERK- UND KUNSTSCHULE · WIESBADEN

Wirtschaftliche Entwicklung

Zwischen Demontage und Währungsreform

Die Grenzen der wirtschaftlichen Entwicklung Nachkriegsdeutsch-
lands waren durch das Potsdamer Abkommen klar gezogen worden.
In Potsdam hatten sich Großbritannien, die USA und die UdSSR –
Frankreich war nicht geladen und fühlte sich daher später an diese
Beschlüsse nicht gebunden – auf folgende wirtschaftliche Grundsätze geeinigt: Die Herstellung von Kriegs- und Rüstungsmaterial aller
Art sollte verboten werden. Die Produktion von Metallen, Chemika-
lien, der Maschinenbau und die Fertigung von Produkten, die für
eine Kriegswirtschaft Verwendung finden könnten, sollten streng
überwacht und entsprechend den friedlichen Nachkriegsbedürfnis-
sen Deutschlands reduziert werden. Entbehrliche Produktionskapazitäten der Industrie sollten nach den Empfehlungen der interalliier-
ten Reparationskommission demontiert oder – falls dies nicht möglich sei – vernichtet werden. Weiter war die Dezentralisierung der
deutschen Wirtschaft vorgesehen, also die Auflösung von Kartellen,
Syndikaten, Trusts und anderen Monopolen.
Bei der Reorganisation der deutschen Wirtschaft wollten die Alliierten das Hauptgewicht auf die Entwicklung der Landwirtschaft und
die Verbrauchsgüterindustrie legen. Schließlich gingen die Sieger in
Potsdam davon aus, daß Deutschland als wirtschaftliche Einheit zu
behandeln sei.[1]
Die Amerikaner hatten schon vor der Potsdamer Konferenz in der
Direktive JCS 1067 vom 26. April 1945, die noch stark von den
Zielvorstellungen des Morgenthau-Planes, Deutschland in ein Agrar-
land umzuwandeln, bestimmt war, den Oberbefehlshaber ihrer
Besatzungszone angewiesen, als Mitglied des Kontrollrats und als

Zonenbefehlshaber die deutsche Wirtschaft gemäß den alliierten Kriegszielen und Reparationsabmachungen zu überprüfen. Diese Kontrollen sollten durchgeführt werden, »soweit sie zum Schutz der Sicherheit und zur Befriedigung des Bedarfs der Besatzungsstreitkräfte und zur Sicherstellung der Produktion und Aufrechterhaltung von Lieferungen und Dienstleistungen notwendig sind, um Hungersnot oder Kranksein und Unruhen, die eine Gefährdung dieser Streitkräfte darstellen würden, vorzubeugen. Sie werden bei der Durchführung des Reparationsprogramms oder anderweitig nichts unternehmen, was geeignet wäre, die grundlegenden Lebensbedingungen in Deutschland oder in Ihrer Zone auf einem höheren Stand zu halten als in irgendeinem benachbarten Mitgliedsstaat der Vereinten Nationen.«[2]

Auf der Potsdamer Konferenz war über die Gesamthöhe der deutschen Reparationsleistungen keine Einigung erzielt worden (die UdSSR beanspruchte Reparationsleistungen in Höhe von 10 Milliarden Dollar aus einem von ihr vorgeschlagenen Gesamtvolumen von 20 Milliarden Dollar). Statt dessen vereinbarten die »großen Drei«, daß jede Besatzungsmacht ihre Ansprüche aus der eigenen Zone kompensieren sollte. Darüber hinaus waren die Anglo-Amerikaner gegenüber den sowjetischen Forderungen insofern zu einem Zugeständnis bereit, als sie dieser 15 % der Metall-, Chemie- und Maschinenbauindustrie der westlichen Zonen als Reparationsleistungen zugestanden. Als Gegenleistung sollten Nahrungsmittel, Kohle, Holz, Zink und andere Waren in die Westzonen geliefert werden. Weitere 10 % der in den Westzonen zu demontierenden Industrieanlagen sollten ohne Gegenleistungen an die UdSSR geliefert werden.

Die Potsdamer Beschlüsse sahen ausdrücklich vor, dem deutschen Volk genügend Ressourcen zu belassen, um ohne Hilfe von außen existieren zu können. Die notwendigen Einfuhren wollte man durch Erzeugnisse aus der laufenden Produktion finanzieren. Die Forderung der UdSSR, etwa die Hälfte des gesamten Reparationsumfangs aus der laufenden Produktion zu entnehmen, wurde von den Anglo-Amerikanern abgelehnt, da sie die ohnehin schon desolate Wirtschaftssituation noch weiter verschärft und ihre Zonen zu Kostgängern ihrer Länder gemacht hätte. Nach langwierigen Verhandlungen im Alliierten Kontrollrat einigten sich die vier Mächte in Ausführung der Potsdamer Beschlüsse Ende März 1946 auf einen ersten Industrieplan, der die Produktionskapazitäten der deutschen Industrie festlegte. In ihm wurden das Industrieniveau und der Lebensstandard Deutschlands auf den Stand von 1932, also der großen Wirtschaftskrise, abgesenkt. Der Industrieplan sah im einzelnen Produktionsverbote (z. B. Seeschiffe, synthetisches Benzin, Kugellager), Produktionsbeschränkungen (z. B. Werkzeugmaschinenbau auf 11 % der Vorkriegsproduktion, Stahl auf 39 %, chemische Grundstoffe auf 40 %) und unbeschränkte Produktion bzw. Förderung von Konsumgütern und von Kohle vor.[3]

Doch schon vier Wochen nach der Vier-Mächte-Vereinbarung über das deutsche Industrieniveau sah sich General Clay am 3. Mai 1946 veranlaßt, die Demontagen in der US-Zone zu stoppen und Lieferungen aus Demontagen an die UdSSR einzustellen. Diese Maßnahme sollte keine Wende in der US-Politik signalisieren. Sie sollte vielmehr generell die Sowjetunion und auch Frankreich an die Einhaltung der Potsdamer Beschlüsse in bezug auf die wirtschaftliche Einheit Deutschlands erinnern. Darüber hinaus war der Demontagestopp auch speziell an die Adresse Moskaus gerichtet, das die entsprechenden Gegenleistungen für westliche Demontagelieferungen zurückhielt.[4] Der Demontagestopp in der US-Zone war ein Signal der Amerikaner an die Adressen der Sowjetunion und Frankreich, sich an die Potsdamer Abmachungen zur wirtschaftlichen Einheit Deutschlands zu halten und ihre Zonen nicht länger als unkontrollierbares Ausbeutungsobjekt zu benutzen. Zugleich wollte Clay mit seiner Anordnung den Teufelskreis aufbrechen, daß die Wirtschaft in der US-Zone durch Demontagen mehr und mehr geschwächt wurde und dadurch immer stärker auf Unterstützungen und Hilfslieferungen der Besatzungsmacht angewiesen war, wenn man die Deutschen nicht einfach ihrem Schicksal überlassen wollte. Amerikaner und auch Engländer, letztere standen selber vor schwierigen ökonomischen Problemen, wollten auf jeden Fall verhindern, daß ihre Zonen zu permanenten Subventionshilfeempfängern ihrer Regierungen wurden.

Am 6. September hielt der amerikanische Außenminister Byrnes in Stuttgart eine programmatische Rede, die auf eine Wende in der

amerikanischen Deutschlandpolitik hinauslief. In den wirtschaftspolitischen Aussagen trat Byrnes erneut für die »wirtschaftliche Vereinigung Deutschland« ein.

»Wenn eine völlige Vereinigung nicht erreicht werden kann, werden
wir alles tun, was in unseren Kräften steht, um eine größtmögliche
Vereinigung zu sichern. Der Hauptzweck der militärischen Besetzung
war und ist, Deutschland zu entmilitarisieren und entnazifizieren,
nicht aber den Bestrebungen des deutschen Volkes hinsichtlich einer
Wiederaufnahme seiner Friedenswirtschaft künstliche Schranken zu
setzen.«[5]

Dies war zugleich eine Absage an die Festschreibungen des Indu-
strieplans, noch ehe er in Angriff genommen wurde.

Als Folge des Umdenkens in der amerikanischen Politik und wirt-
schaftlicher Notwendigkeiten entstand die Bizone. Durch das Ver-
einigte Wirtschaftsgebiet, wie die Zusammenlegung der amerikanischen und britischen Zone offiziell hieß, sollten die wirtschaftlichen
Schwierigkeiten überwunden werden. Zugleich verstanden Engländer und Amerikaner diese Maßnahme als ersten Schritt zur wirtschaftlichen Vereinigung aller vier Besatzungszonen. Dementsprechend wurden die UdSSR und Frankreich eingeladen, sich der
Bizone anzuschließen. Beide Mächte sahen in dem anglo-amerikanischen Abkommen jedoch einen Verstoß gegen die Potsdamer Beschlüsse und lehnten das Angebot ab. Tatsächlich wurden durch die
Schaffung der Bizone die Gräben zwischen den Zonen noch weiter
vertieft.

Im Februar 1947 reiste der ehemalige amerikanische Präsident
Hoover nach Deutschland, um die wirtschaftliche Situation zu unter-
suchen und seiner Regierung Vorschläge zur Behebung der Krise zu
unterbreiten. Sein Kerngedanke, der in Washington bereitwillig aufgenommen wurde, war der, daß die europäische Wirtschaft mit der
deutschen so eng verflochten sei, daß die Produktivität Europas
ohne Gesundung Deutschlands nicht erreicht werden könne.

Anfang 1947 löste George C. Marshall, ehemaliger Generalstabs-
chef der US-Armee, Byrnes als Außenminister ab. Mit dieser Ernen-
nung wollte die Truman-Administration größere Entschlossenheit angesichts des sich verschärfenden Ost-West-Konflikts demonstrieren.
Nach dem Scheitern der Moskauer Außenministerkonferenz im

März/April 1947, auf der wiederum keine Einigung über die politische Zukunft Deutschlands erzielt werden konnte, wurde die US-Politik offensiver. Nachdem kurz nach Beginn der Konferenz, ganz im Sinne der Eindämmungsstrategie Kennans, die Truman-Doktrin zum Schutze Griechenlands und der Türkei verkündet worden war, kam es im Juni 1947 zu einer richtungweisenden amerikanischen Initiative, die für den wirtschaftlichen Wiederaufbau der Westzonen von entscheidender Bedeutung war. In seiner berühmten Rede vom 5. Juni 1947 vor Studenten der Harvard-Universität entwarf Außenminister Marshall den Plan für ein europäisches Wiederaufbauprogramm (European Recovery Program – ERP –), das auch eine erhebliche Wirtschaftshilfe für Deutschland vorsah. Insgesamt sollte die Bundesrepublik bis 1952 rund 1,4 Milliarden Dollar aus dem ERP-Programm erhalten, hinzu kamen seit 1946 Nahrungsmittel- und Güterlieferungen im Wert von rund 1,6 Milliarden Dollar.[6]

Im Sommer 1947 wurde die amerikanische Besatzungspolitik auch offiziell auf eine neue Grundlage gestellt. Die JCS 1067, in der sich noch ganz die harte amerikanische Haltung bei Kriegsende niedergeschlagen hatte, wurde durch die Direktive JCS 1779 ersetzt, in der die veränderte Politik und Einstellung der Amerikaner zum Ausdruck kam.

Sowohl die Besatzungsmächte als auch die verantwortlichen deutschen Politiker waren sich darüber im klaren, daß eine wirtschaftliche Gesundung in den Zonen letztlich nur über eine Gesundung der Währung, d. h. über eine Währungsreform zu erreichen sein würde. Insgeheim schon lange von den Amerikanern vorbereitet – in den Vereinigten Staaten wurden auch die neuen Scheine gedruckt –, wurde die Geldreform am 20. Juni 1948 durchgeführt. Jeder Deutsche in den Westzonen erhielt zunächst eine Kopfquote von 40,– DM im Umtausch gegen alte Reichsmark, zwei Monate später gab es eine Nachzahlung in Höhe von 20,– DM. Alle Schulden und Bankguthaben wurden im Verhältnis 1 : 10 abgewertet. Im Oktober 1948 setzte das »Festkontengesetz« endgültig fest, daß Altsparer für 100 Reichsmark 6,50 DM erhalten sollten.

Daß alle Deutschen in den Westzonen am 20. Juni die gleichen Startchancen hatten, weil sie alle über dieselbe Kopfquote verfügten, ist ein Mythos, der nicht berücksichtigt, daß die Besitzer von

Sachwerten, Grund und Boden sowie Produktionsmitteln keine Abwertung wie die Sparer hinnehmen mußten. Die wirtschaftlichen Ausgangsbedingungen waren also höchst ungleich.

Drei Tage nach der Währungsreform in den Westzonen wurde in der sowjetischen Zone ebenfalls eine Geldreform durchgeführt. Damit waren zwei getrennte Wirtschaftsgebiete mit jeweils eigenen Währungen entstanden. Als die Westmächte die Währungsreform auch auf die Westsektoren von Berlin ausdehnten, antworteten die Sowjets am 20. Juni 1948 mit der Unterbrechung sämtlicher Verkehrsverbindungen nach Berlin. Die Blockade Berlins sollte bis zum 12. Mai 1949 dauern. Mit ihr hatte der kalte Krieg in Europa ohne Zweifel seinen Höhepunkt erreicht.

Kölsche Schöppemarsch
Text und Musik von Karl Wachtert

Refrain: Schöppe, schöppe, ess jitz Trump!
Wer sich dröck, dä ess ärg plump!

Schöppe, schöppe, ess jitz Trump!
Dröck dich ait, bess keine Lump!

Watt hätt dä Kreeg uns ärm gemaaht,
Uns Hüser all en Schutt gelaaht,
Un wo do hinkiss överall
Sühs do nur Schutt, Verderv, Zerfall!
Meer bussen wie en Loch de Ratt,
Dat Levve wehd mer elend satt!
Doch Kluge un de Steen nur kruss
Baut noch kein Wohnung oder Huus!
Schlag fremde Hölp deer uns dän Sens,
Spei selvst en de Häng erenn!

Refr.: Schöppe, schöppe, ess jitz Trump!

Ehr Mädcher zeigt ens manchem Mann,
Watt mer bei goudens Welle kann,
Un ligg och jitt die schön Frisur,
Dat geiht vürbei schnell noh der „Kur".
Losst üch nit nemme ühre Moot!
Denkt, et wör Sport, un dä es good!
Verzieriung brich sich keiner avv!
Met vill klein Häng wehd vill geschaff!
Weil Ordnung hatt ihr Mädcher jöhn,
Dröm ssaht et ührem Hätzenstään!

Refr.: Schöppe, schöppe, ess jitz Trump!

Do kom och letz ´ne Opa ahn,
Un maht sich an dä Schutt eran.
Dä hatt noch shie kölsche Senn,
Un wurf sich en de Bruss erenn!
Hätt schnell die Muse opgekrämp
Un trock sich us och noch sing Hemp.
Dat schöppe, schöppe, üm de Wett!
Un ssaint us ´hrlich, treu un nett:
Bevor ich sterve, well ich sinn,
Leev Kölle dich noch neu am Rhing!

Refr.: Schöppe, schöppe, ess jitz Trump!

Un wat Agrippa hätt riskeert,
Och hück nit singe Wett verleert –
Hä saht et jedem Kölsche klor,
Dat vör zweidausend „Colle" wor!
Genau wie dä, su ohne Scheu
Colonia, meer baue neu!
Die runde Funke sin zof Steil,
Dr Gürzenich wehd widder heil!
Bearhlosse hätt dä Kölsche Rat:
Jitz wehd geschöpp, dat ess de Tat –!

Refr.: Schöppe, schöppe, ess jitz Trump!

DRUCK: H. GANTER W 2/7 D 3/0150 KÖLN · 600 · 7. 47 · KL. B

Neubergleute beim Abschied aus Bayern

Ankunft der Bergbaufreiwilligen im Ruhrgebiet

Die Butterbrote für den Bergmann

Auf dem Weg zur neuen Arbeitsstätte

Eine von hundert Bergmannszigaretten

Und hier die vielbeneideten Bergmannspunkte

Werde Bergmann!

II. Bilderdienst des Sonderbeauftragten des Bayer. Staatsministeriums für Arbeit und soziale Fürsorge für den Ruhrkohlenbergbau · Auskunft erteilt jedes Arbeitsamt!

Druck: Verlag Nürnberger Presse G. m. b. H. Nürnberg. Auflage 10 000.   Aufnahmen: Pressestos Bilderdienst Heidelberg.

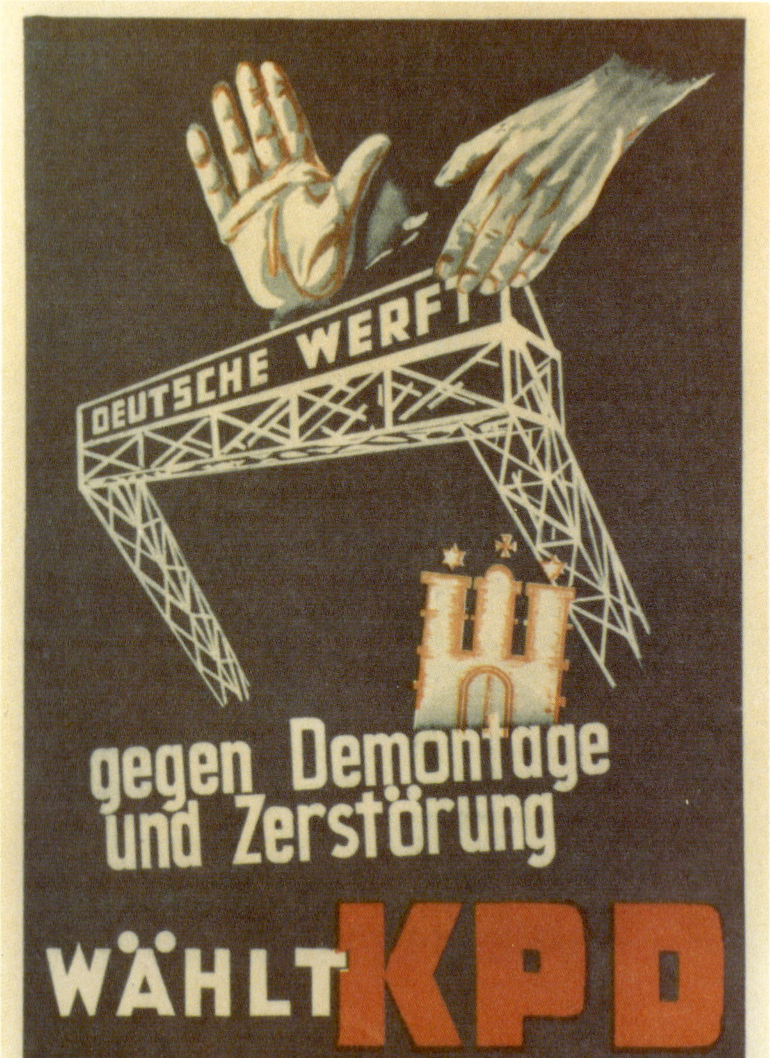
DEUTSCHE WERFT
gegen Demontage
und Zerstörung
WÄHLT KPD

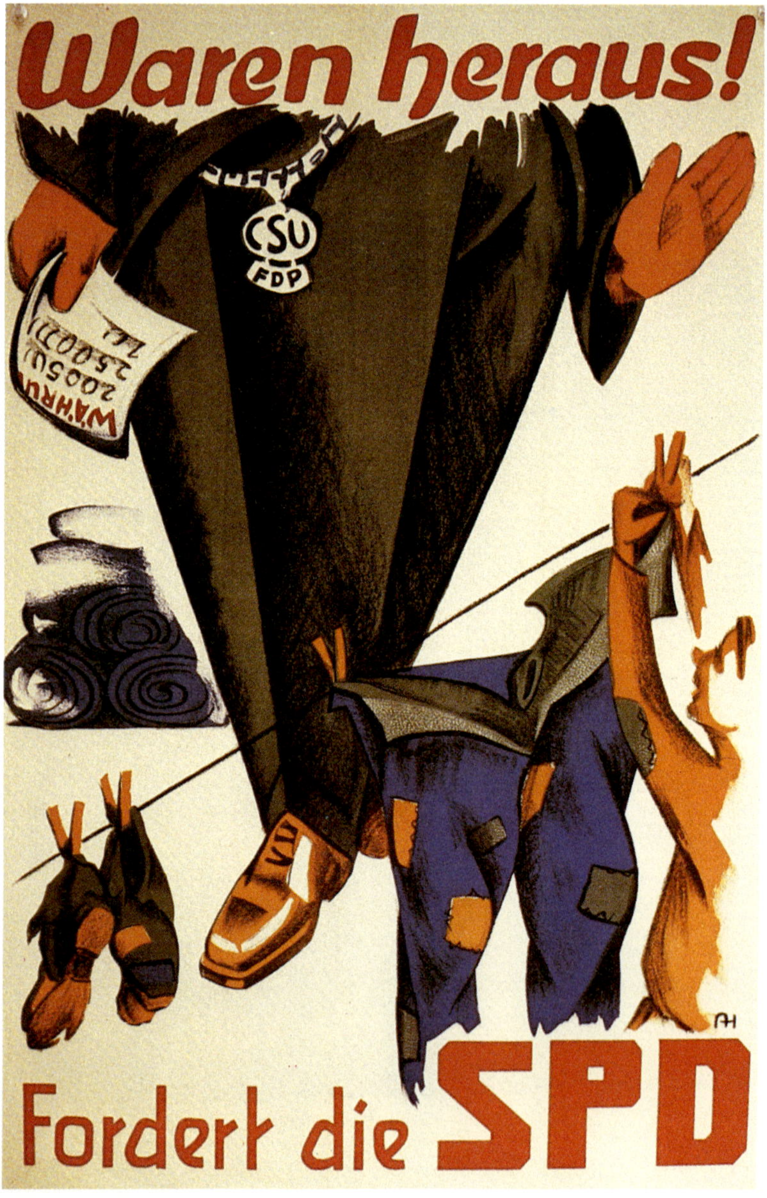
Waren heraus!
CSU
FDP
Fordert die SPD

Sozialisierungs- und Reformbemühungen

Antikapitalistische Sehnsüchte und was daraus wurde

Eine gewisse antikapitalistische Sehnsucht gehörte mit zum Zeitgeist der Nachkriegsjahre. Der Ruf nach Vergesellschaftung der Produktionsmittel beschränkte sich keineswegs nur auf Sozialdemokraten und Kommunisten, sondern reichte weit bis in die Reihen der bürgerlichen Parteien CDU und Zentrum hinein. So heißt es im Ahlener Programm (vom Februar 1947) der CDU in der britischen Zone in bezug auf die künftige Wirtschaftsordnung:

»Das kapitalistische Wirtschaftssystem ist den staatlichen und sozialen Lebensinteressen des deutschen Volkes nicht gerecht geworden. Nach dem furchtbaren politischen, wirtschaftlichen und sozialen Zusammenbruch als Folge einer verbrecherischen Machtpolitik kann nur eine Neuordnung von Grund aus erfolgen... Inhalt und Ziel dieser sozialen und wirtschaftlichen Neuordnung kann nicht mehr das kapitalistische Gewinn- und Machtstreben, sondern nur das Wohlergehen unseres Volkes sein.«[1]

Die Idee, Demokratie und Sozialismus in einer neuen staatlichen Ordnung miteinander zu verbinden, fand nicht nur in Parteien und Gewerkschaften Unterstützung, sondern stieß auch in Kreisen bürgerlicher Intellektueller und Publizisten auf ein lebhaftes Echo. Als Beispiel für das Engagement christlicher Sozialisten sei nur die Gruppe um die beiden Herausgeber der »Frankfurter Hefte«, Walter Dirks und Eugen Kogon, genannt, die für einen »wirtschaftlichen Sozialismus auf demokratischer Grundlage« eintrat (Frankfurter Leitsätze).

Der nordrhein-westfälische Ministerpräsident Karl Arnold, Mitglied der CDU, der sich den Ideen des christlichen Sozialismus verbunden fühlte, sagte in seiner Regierungserklärung am 17. Juni 1947 vor dem Landtag:

»Das deutsche Volk und insbesondere die Menschen an Rhein und Ruhr sind entschlossen, eine öffentliche Ordnung aufzubauen, die der Wohlfahrt des Volkes und dem Frieden dient. Das gilt insbesondere für die Neuordnung unserer Wirtschaft. Das kapitalistische Wirtschaftssystem hat sich an seinen eigenen Gesetzen totgelaufen. Der natürliche Zweck der Wirtschaft, nämlich die Bedarfsdeckung des Volkes, wurde in sein Gegenteil verkehrt ... Die bisherigen einseitigen Machtgebilde in der Großwirtschaft werden beseitigt und Neubildungen in der Zukunft werden dadurch verhindert, daß die deutsche Grundstoffindustrie (Kohlewirtschaft, die stahl- und eisenerzeugende Industrie sowie die den Markt monopolistisch beherrschende Großchemie) in Gemeinwirtschaft überführt wird. Eine Beteiligung des privaten Großkapitals in den vorgenannten Betriebsund Industriezweigen wird ausgeschlossen. Soweit im Zuge der Überführung der vorgenannten Industriezweige in Gemeinwirtschaft und im Interesse des Allgemeinwohls Enteignungen erforderlich werden, erfolgt eine Entschädigung nach Maßgabe der künftigen Gesetzgebung und nach den Grundsätzen der Gerechtigkeit. Kriegsund Naziverbrecher werden entschädigungslos enteignet.«[2]

Was waren die Gründe, daß es bei dieser Absichtserklärung Arnolds blieb? Zum einen gab es innerhalb der CDU starke Kräfte, die sich allen Sozialisierungsbemühungen vehement entgegenstellten, zum anderen war auch die britische Besatzungsmacht in dieser Frage eher zögerlich und nicht besonders entschlossen, obwohl in Großbritannien eine Labour-Regierung die Verstaatlichung der Kohleindustrie durchgesetzt hatte.

Den im Düsseldorfer Landtag im Juli 1947 eingebrachten Gesetzentwurf zur Sozialisierung der Kohleindustrie ließ die CDU 1948 auf Druck ihres starken linken Flügels nur noch mit Stimmenthaltung im August 1948 passieren.[3] Daraufhin teilte der britische Militärgouverneur dem Landtagspräsidenten mit, daß er sich außerstande sehe, seine »Genehmigung zu dem vom Landtag verabschiedeten Gesetzentwurf betreffend die Sozialisierung der Kohlewirtschaft ...« zu geben.[4] Als Begründung wurde angeführt, daß so weitreichende Maßnahmen auch die anderen Länder der Westzonen angingen und die

Frage der Sozialisierung der Kohleindustrie von einer künftigen deutschen Zentralregierung zu behandeln sei. Diese Haltung entsprach weitgehend der Position der Amerikaner, die ihre Grundlinie in der Sozialisierungsfrage in der Direktive JCS 1779 vom 11. Juli 1947 festgeschrieben hatten. Dort hieß es u. a.:

»Während es zwar ihre Pflicht ist, dem deutschen Volke die Möglichkeit zu geben, die Grundsätze und Vorteile einer freien Wirtschaft kennenzulernen, werden sie in der Frage des öffentlichen Besitzes von Unternehmungen in Deutschland nur einschreiten, wenn es sich darum handelt, sicherzustellen, daß jegliche Entscheidung für oder gegen das öffentliche Besitzverhältnis frei und durch das normale Vorgehen innerhalb einer demokratischen Regierungsform getroffen wird ... Bis zu einer endgültigen Entscheidung über die Form und die Rechte der deutschen Zentralregierung dürfen sie keine Maßnahmen in bezug auf ein öffentliches Besitzrecht billigen, die dieses Recht einer Zentralregierung vorbehalten wollen.«[5]

General Clay, der Sozialisierungsbemühungen ablehnend gegenüberstand, nutzte die einschlägigen Klauseln der Direktive JCS 1779 als Generalvollmacht, um Sozialisierungen zu verhindern und auf Zeit zu spielen. Seine Taktik hat er selbst erläutert:

»Die Zeit ist auf unserer Seite ... Wenn wir daher die Angelegenheit hinauszögern können, während die freie Unternehmerwirtschaft fortfährt zu arbeiten und wirtschaftliche Verbesserungen sich einstellen, dann wird sich die Frage dem deutschen Volk vielleicht gar nicht mehr stellen.«[6]

Mit dieser Taktik operierten die Amerikaner erfolgreich gegen Sozialisierungsbestrebungen in Hessen. Gegen den Sozialisierungsartikel 41 der Hessischen Verfassung hatten die Amerikaner Einwände. Sie verlangten daher, daß beim Volksentscheid über die Hessische Verfassung am 1. Dezember 1946 über Artikel 41 gesondert abgestimmt werden mußte. 71,9 % der Abstimmungsberechtigten entschieden sich für den Sozialisierungsartikel in der Verfassung, die mit 76,8 % Ja-Stimmen angenommen wurde. Die entsprechenden Ausführungsgesetze wurden aufgrund amerikanischer Intervention nie erlassen. Die Begründung der Amerikaner war, daß so weitreichende Eingriffe in die Wirtschaftsstruktur einer Zentralregierung vorbehalten bleiben müßten.

Die Alliierten waren zu der grundsätzlichen Übereinkunft gekommen, daß der deutsche Großgrundbesitz aufgelöst oder wenigstens zu erheblichen Landabtretungen gezwungen werden müsse. Dieses Ziel sollte im Rahmen einer Bodenreform verwirklicht werden. Die Reformpläne im Agrarbereich waren in erster Linie Bestandteil der alliierten Demokratisierungsstrategie, die darauf abzielte, den Großgrundbesitz, insbesondere die preußischen Junker, die man als antidemokratischen Hort des Militarismus ansah, politisch und gesellschaftlich zu entmachten. Erst an zweiter Stelle stand hinter den Bodenreformplänen die Absicht, Siedlungsland für Flüchtlinge aus dem Osten zu schaffen.

Von den Parteien engagierten sich vor allem die Sozialdemokraten für eine Bodenreform. In der Haltung der CDU fehlte die gegen den Großgrundbesitz gerichtete politisch-ideologische Komponente. Für die CDU stand zunächst die pragmatische Forderung nach Schaffung von Siedlungsland im Vordergrund, die regional aber mit sehr unterschiedlicher Intensität verfolgt wurde.

Dem Alliierten Kontrollrat wurde am 29. Oktober 1945 von den Amerikanern ein Gesetzentwurf zur Bodenreform vorgelegt, der die Begrenzung des Grundbesitzes auf 100 ha vorsah und auf die Entmachtung der »Junker und nazistischen Großgrundbesitzer« abzielte.[7]

Im April 1947 einigten sich die vier Mächte auf der Moskauer Außenministerkonferenz darauf, in allen vier Zonen eine Bodenreform durchzuführen. Zu diesem Zeitpunkt war die Bodenreform in der sowjetisch besetzten Zone, die Ende 1945 mit der Enteignung der Großgrundbesitzer in Angriff genommen worden war, um Höfe für Neusiedler zu schaffen, bereits weitgehend abgeschlossen.

Die Besitzverhältnisse und strukturellen Voraussetzungen für Reformmaßnahmen auf dem Agrarsektor waren in den vier Zonen unterschiedlich. In der sowjetischen Zone hatten die Höfe über 100 ha 45,4 % der Gesamtfläche bzw. 29,8 % der landwirtschaftlichen Nutzfläche eingenommen. Diese Flächen waren im Besitz von 1,5 % aller vorhandenen Betriebe.[8] In der amerikanischen Zone konzentrierten sich zwar 29,1 % der Betriebsfläche, aber nur 4,9 % der landwirtschaftlichen Nutzfläche auf den in Frage kommenden Großgrundbesitz. In der französischen Zone waren die Besitzverhältnisse ähnlich gelagert. Zwar waren 36 % der Bodenfläche in der Hand von Großgrundbesitzern, aber nur 4,1 % der Nutzfläche, Waldbesitz eingeschlossen. In der britischen Zone fielen 6,9 % der landwirtschaftlichen Nutzfläche auf Betriebe mit einer Größe von mehr als 100 ha, lediglich in Schleswig-Holstein entfielen 13 % der landwirtschaftlichen Anbaufläche auf den Großgrundbesitz.

Zwar wurden in den Westzonen von allen drei Besatzungsmächten einschlägige Verordnungen erlassen bzw. Gesetze initiiert, die Durchführung versandete aber im Widerstreit der unterschiedlichen Interessen, so daß das Projekt einer Bodenreform über quantitativ unbedeutende Ansätze nie hinausgekommen ist.

BODENREFORM!

1/3 BAYERNS ist *Großgrundbesitz*

WÄHLT

KOMMUNISTEN

Unterwegs in Deutschland:
Flüchtlinge, Heimkehrer, Verschleppte

Millionen suchen ein neues Zuhause

Das Potsdamer Abkommen sah die Aussiedlung aller Deutschen aus den ostdeutschen Provinzen jenseits von Oder und Neiße sowie aus den deutschen Siedlungsgebieten in Osteuropa vor.
»Die drei Regierungen ... erkennen an, daß die Überführung der deutschen Bevölkerung oder Bestandteile derselben, die in Polen, Tschechoslowakei und Ungarn zurückgeblieben sind, nach Deutschland durchgeführt werden muß. Sie stimmen darin überein, daß jede derartige Überführung, die stattfinden wird, in ordnungsgemäßer und humaner Weise erfolgen soll.«[1]
Bereits in der letzten Phase der Kriegshandlungen hatten Millionen Ostdeutsche auf der Flucht vor der Roten Armee ihre Heimat verlassen. Diese Gruppe machte etwa die Hälfte der rund 9,5 Millionen Flüchtlinge und Vertriebenen aus.[2] Da sich die Männer im »wehrfähigen Alter« im Kriegseinsatz befanden, bestanden die Flüchtlingstrecks meist aus Frauen, Kindern und alten Leuten. Viele von ihnen haben die Entbehrungen und Strapazen der Flucht nicht überlebt. Wer sich Richtung Westen retten konnte, war – gemessen an den Begleitumständen der ersten Zwangsausweisungen – noch verhältnismäßig glimpflich davongekommen.
»Keine Etappe der späteren Ausweisung verlief unter ähnlich unmenschlichen und so brutalen Methoden wie diese erste, noch vor Abschluß des Potsdamer Abkommens vollzogene Vertreibung ...«[3]
Im August 1945 schrieb der Leiter des Evangelischen Hilfswerks, Propst Heinrich Grüber, der in der NS-Zeit für seine Überzeugung mit KZ-Haft büßen mußte, an den Lordbischof von Chichester in England:

»... Tausende und Zehntausende sterben auf den Landstraßen vor Hunger und Entkräftung ...«[4]

Am 19. Oktober 1945 wies Bertrand Russell in einem Leserbrief an die »Times« – seine Informationen stammten von britischen Militärs – darauf hin, daß die Massendeportationen keineswegs in »geregelter und menschlicher Weise«, wie es die Potsdamer Beschlüsse vorsahen, durchgeführt würden. Man habe »ganz offensichtlich die Absicht, viele Millionen Deutsche auszulöschen, nicht durch Gas, sondern dadurch, daß man ihnen ihr Zuhause und ihre Nahrung nimmt und sie einem schmerzhaften und langen Hungertod ausliefert«.[5]

Am 8. Dezember erhob Russell erneut seine Stimme und schilderte die Umstände der Vertreibungsaktion:

»Jederzeit werden Frauen und Kinder in Eisenbahnzügen zusammengetrieben, jeder nur mit einem Koffer, dessen Inhalt unterwegs meist geraubt wird. Die Reise nach Berlin dauert viele Tage, in denen keine Nahrungsmittel verteilt werden. Viele erreichen Berlin als Tote; Kinder, die unterwegs sterben, werden aus dem Fenster geworfen.«[6]

Ein amerikanischer Bericht vom November 1945 wirft ein weiteres Licht auf die näheren Umstände der Umsiedlungsaktionen:

»Ungefähr um die gleiche Zeit kam ein Transport mit sudetendeutschen Männern, Frauen und Kindern aus Troppau. Sie waren 18 Tage lang im offenen Viehwagen unterwegs gewesen. Zweitausendvierhundert Menschen hatten die Fahrt angetreten, eintausenddreihundertfünfzig erreichten Berlin. Es sind also mehr als tausend unterwegs gestorben.«[7]

Die brutalen Methoden deutscher Besatzungsherrschaft in Polen und in der Tschechoslowakei schlugen nach der Niederlage voll auf die Deutschen zurück. Die NS-Führung hatte Polen und die Tschechoslowakei als Staaten ausgelöscht, ihrer Bevölkerung war das Schicksal zugedacht, als Arbeitssklaven mit bewußt niedrig gehaltenem Bildungsniveau für die »germanische Herrenrasse« zu schuften. Der während der deutschen Besetzung aufgestaute Haß auf die Unterdrücker und das Bedürfnis nach Rache für die individuellen und kollektiven Leiden entlud sich jetzt gegen die deutsche Bevölkerung. Die Bilanz: etwa 2,1 Millionen Deutsche wurden während der Ver-

treibung getötet, verhungerten oder werden seitdem vermißt.[8]
In den Besatzungszonen waren die Flüchtlinge und Vertriebenen
zwar in Sicherheit, ihr Leidensweg aber keineswegs beendet. In
Massenquartieren untergebracht, oft ohne Hab und Gut, mußten
viele noch jahrelang ein ärmliches Leben führen, das nicht selten
durch soziale Isolierung und Diskriminierung in ihrer neuen Umwelt
weiter belastet wurde. Im Gegensatz zu den Einheimischen, die auf
ihren Besitz zurückgreifen konnten, hatten die Flüchtlinge keine
Möglichkeit, ihre kärglichen Rationen durch Schwarzmarktgeschäfte
aufzubessern. Denn häufig besaßen die Vertriebenen nur noch das,
was sie auf dem Leibe trugen. Die Landesregierungen, Kreisverwal-
tungen und Gemeinden versuchten durch Aufrufe, Spendenaktionen
und Zwangsabgaben der Besitzenden die größte Not zu lindern. In
Niedersachsen ermöglichte z. B. das »Gesetz zur Beschaffung von
Hausrat für Flüchtlinge und gleichgestellte Personen« die Übergabe
von Einrichtungsgegenständen für wohn- und gewerbliche Zwecke
sowie Hausrat an Vertriebene. Als Leistungspflichtige sollten zunächst Kriegsverbrecher und Nationalsozialisten herangezogen
werden. Die Übergabe der Gebrauchsgegenstände stellte keine
Enteignung dar, vielmehr fand sie auf der Basis eines Leih- oder
Mietvertrages statt, bei Übereignung von Gegenständen waren
finanzielle Entschädigungen vorgesehen.[9]
Die Einheimischen reagierten auf die Flüchtlinge – wie sie damals
pauschal genannt wurden – meist reserviert und z. T. auch feind-
selig. Sie mußten in ihren Wohnungen enger zusammenrücken und
Unbequemlichkeiten in Kauf nehmen, um für ihre Landsleute aus
dem Osten Platz zu schaffen. Verschiedene Mentalitäten, Konfessionen, Sitten, Gebräuche, Umgangsformen und Dialekte stießen in
einer Zeit extremer Belastungen aufeinander. Reibereien, Diskrimi-
nierungen und Vorurteile waren die unausbleibliche Folge.
Die Besatzungsmächte hatten die Gründung von Organisationen
oder gar Parteien der Vertriebenen ausdrücklich verboten. Sie befürchteten, daß sich Interessenvertretungen der Flüchtlinge zu innenpolitischen Störfaktoren und Sammelbecken Unzufriedener mit
irredentistischen Zielsetzungen entwickeln könnten. Erst im Spät-
sommer 1948 wurden Flüchtlingsvereinigungen unter der Bedingung
zugelassen, daß diese sich auf Wohlfahrts- und kulturelle Aufgaben

beschränken. Der BHE (Block der Heimatvertriebenen und Entrechteten) wurde erst 1950 gegründet, nachdem der Lizenzzwang gefallen war. Die Flüchtlinge und Vertriebenen wurden von allen Parteien umworben, die sich für ihre Interessen einzusetzen versprachen.

Mit Flucht und Vertreibung waren die großen Völkerwanderungen der Nachkriegszeit noch nicht beendet. Dazu gehörten auch entlassene Kriegsgefangene, die auf der Suche nach ihren Angehörigen waren. Die Ungewißheit über das Schicksal der deutschen Kriegsgefangenen – vor allem in sowjetischem Gewahrsam – belastete viele Familien. Insgesamt waren über elf Millionen Soldaten der ehemaligen Wehrmacht bei den Siegermächten in Gefangenschaft geraten, deren Entlassung sich über mehrere Jahre hinzog.[10]

Zur großen Gruppe der Heimatlosen, Gefangenen und Versprengten gehörten auch die nach Deutschland verschleppten Ausländer, die während des Krieges als Zwangsarbeiter in der Industrie und Landwirtschaft eingesetzt waren. Die Zahl der Displaced Persons (DPs), wie sie von den Alliierten genannt wurden, wird mit acht bis zehn Millionen angegeben.[11] Ihre Rückführung in die Heimatländer war für die Alliierten eine vorrangige, wenn auch nicht leichte organisatorische Aufgabe. Viele DPs zogen es angesichts der veränderten politischen Verhältnisse in ihren Heimatländern vor, nicht zurückzukehren oder auszuwandern.

ZARZAD
MIASTA GDANSKA   *Gdansk, dnia 25. 4. 1945 r.*

Zarzadzenie!

*Z dniem 26. 4. 45 r., zarzadz..m, aby wszyscy mieszkancy miasta
Gdanska, narodowosci niemieckiej, w wieku od lat 15. do 65, stawili
sie codziennie o godz. 7-mej rano w swoich rejonach przed rejonowymi
komendami Polskiej Milicji Obywatelskiej z narzedziami pracy.
(Kilofy, lopaty, wozki).*

*Niemcy uchylajacy sie od tego Zarzadzenia karani beda wedlug
prawa wojennego.*

Prezydent Miasta Gdanska

(–) Fr. Kotus

Spis Rejenow:

Kom. I	M. O.	Orunia, Horst Wesselstrasse Nr. 74
„ II	„ „	Niederstadt, ul. Strandgasse Nr. 4
„ III	„ „	Jungstadt, Rennerstiftsgasse 3
„ VI.	„ „	Sidlice, Karthauserstrasse 36
„ V	„ „	Wrzeszcz, Rynek Nr. 90
„ VI	„ „	Wrzeszcz
„ VII	„ „	Nowy Port, Seemannstrasse Nr. 9

Die Verwaltung
der Stadt Gdansk   Gdansk, den 24. 4. 1945.

Verordnung!

Mit dem 26. 4. 45 ordne ich an, daß alle Einwohner der Stadt Gdansk,
deutscher Volkszugehörigkeit im Alter von 15. bis 65. Lebensjahr, täglich um
7 Uhr früh, in ihren Revieren, vor den Revier-Kommandanturen der Polnischen
Bürger-Miliz, mit Arbeits-Werkzeugen (Piken, Schaufeln, Wagen) sich zu stellen
haben.

Deutsche, die dieser Verordnung nicht Folge leisten, werden nach Kriegsbe-
stimmungen streng bestraft.

Der Präsident der Stadt Gdansk

(-) Fr. Kotus

Aufstellung der Reviere:

Kom. I	B. M.	Ohra, Horst Wesselstraße Nr. 74
„ II	„ „	Niederstadt ul. Strandgasse Nr. 4
„ III	„ „	Jungstadt, Rennerstiftsgasse 3
„ IV	„ „	Schidlih, Karthauserstraße 36
„ V	„ „	Langfuhr, Markt 90
„ VI	„ „	Langf..
„ VII	„ „	Neujah.. ...er Seemannstraße Nr. 9

Bekanntmachung!

ALLE russischen Staatsangehörigen (Ukrainer, Ruthenen, Baltikumer, Galizier, Bessarabier, Bukkowiner und Polen, welche vor 1939 östlich der Grenze Brest-Litowsk, Fluß Bug, ansässig waren) haben sich sofort innerhalb 48 Stunden in Wolfenbüttel, Stadtpolizeibehörde, Zimmer 2 in der Zeit von 9 bis 13 Uhr, zu melden.

Auch die oben angeführten Ausländer aus dem Lager Halchter haben sich ebenfalls in derselben Zeit zu melden.

Объявление

Все русские подданные (в том числе украинцы, белоруссы, жители Прибалтийского края, западной Украины, бессарабии, буковины и Польши проживавшие до 1939 г к востоку от границы брест-Литовск, река буг), (проживавшие, проживающие в гор. Волфенбютеле обязаны в течении 48 часов со дня объявления-явиться в городское полицейское управление, здание Ратуши, комната №2, от 9-13 часов, для новой полицейской прописки.

В тот же срок обязаны пройти полицейскую прописку вышеупомянутые иностранцы, проживающие в лагере Халехтер (зеленые бараки)

Der Bürgermeister
MULL

Entnazifizierung und Antifaschismus

Zwischen Fragebogen und »Persilschein«

Die Direktive JCS 1067 vom 26. April 1945 an den Oberbefehlshaber
der US-Besatzungszone in Deutschland sah u. a. umfassende Maßnahmen zur Entnazifizierung vor. Tatsächlich hatten die Amerikaner
die präzisesten und am weitesten entwickelten Vorstellungen zur
Ausrottung des Nazismus auf allen staatlichen und gesellschaftlichen Ebenen. In der Direktive der Stabschefs heißt es u. a.:
»Alle Mitglieder der Nazipartei, die nicht nur nominell in der Partei
tätig waren, alle die den Nazismus oder Militarismus aktiv unterstützt haben und alle anderen Personen, die den alliierten Kriegszielen feindlich gegenüberstehen, sollen entfernt und ausgeschlossen
werden aus öffentlichen Ämtern und aus wichtigen Stellungen in
halbamtlichen und privaten Unternehmungen ...«[1]
Die Entnazifizierungsbestimmungen der Direktive JCS 1067 wurden
dem Sinne nach und teilweise sogar wörtlich in die Potsdamer Beschlüsse übernommen, um ein einheitliches Vorgehen der Alliierten
zu gewährleisten und die Grundlage für weitergehende Maßnahmen
des Alliierten Kontrollrates zu schaffen.
Im Vordergrund der alliierten Bemühungen stand zunächst die Sühne
für die nationalsozialistischen Verbrechen und die Aburteilung der
Hauptkriegsverbrecher. Der Prozeß gegen die führenden Männer
des NS-Systems sollte nach dem Londoner Vier-Mächte-Abkommen
vom 8. August 1945 vor einem »Internationalen Militärgerichtshof«
in Nürnberg stattfinden; er ist als Nürnberger Prozeß in die Geschichte eingegangen. Nach einjähriger Verhandlung wurde am
30. September 1946 das Urteil über die 22 Angeklagten verkündet.
Zum Tode durch den Strang wurden Göring (der sich vor der Voll-

streckung des Urteils vergiftete), Ribbentrop, Keitel, Kaltenbrunner, Rosenberg, Frick, Frank, Streicher, Jodl, Seyß-Inquart und Bormann (in Abwesenheit) verurteilt. Heß, Funk und Raeder bekamen lebenslange Haftstrafen. Speer und Schirach erhielten 20 Jahre, von Neurath 15 und Dönitz 10 Jahre Haft. Bei Schacht, Papen und Fritzsche lautete das Urteil auf Freispruch.

Nach dem Nürnberger Prozeß fanden in den einzelnen Besatzungszonen weitere Prozesse gegen Militärs, SS-Leute, Angehörige des Auswärtigen Amtes, Wirtschaftsführer, Direktoren des IG-Farben-Konzerns und KZ-Personal statt. Insgesamt wurden in den Westzonen 5133 Personen angeklagt und 668 Todesurteile gefällt.[2] Es wurden nicht alle Todesurteile vollstreckt, und nicht alle zu Haft Verurteilten mußten ihre gesamte Strafe absitzen. Friedrich Flick, der zu sieben Jahren Gefängnis verurteilt wurde, saß knapp drei Jahre ab, Alfried Krupp, der eine zwölfjährige Haftstrafe verbüßen sollte, wurde nach zweieinhalb Jahren entlassen.[3]

Neben den gerichtlichen Verfahren wurde eine breit angelegte Säuberungsaktion mit dem Ziel durchgeführt, alle ehemaligen Mitglieder der NSDAP aus dem öffentlichen Leben, einschließlich des Schul- und Hochschulwesens und der Wirtschaft, zu entfernen. Die Praxis der Entnazifizierung verlief in den einzelnen Zonen keineswegs einheitlich. In den Westzonen ging es um die politische Säuberung bzw. Ausschaltung von Einzelpersonen. In der Ostzone war sie integraler Bestandteil einer totalen politischen und gesellschaftlichen Umstrukturierung, einer Änderung des Unterbaus.

Es lassen sich drei Phasen der Entnazifizierung unterscheiden.[4] Die erste Phase begann unmittelbar nach der Kapitulation und stand unter ausschließlicher Verantwortung der Besatzungsmächte. Die zweite Phase begann am 5. März 1946 mit dem »Gesetz zur Befreiung vom Nationalsozialismus und Militarismus«; die dritte Phase setzte mit der Gründung der Bundesrepublik ein und endete mit den am 15. Dezember 1950 vom Bundestag verabschiedeten Empfehlungen für eine einheitliche Gesetzgebung über den Abschluß der Entnazifizierung in den Bundesländern.

Während der ersten Phase wurden zunächst alle Personen, die aufgrund von Funktion oder Position verdächtig waren, verhaftet und in Internierungslager verbracht. Insgesamt wurden bis Ende 1946 in den vier Zonen etwa 245 000 Personen automatisch interniert, von denen bis zu diesem Zeitpunkt ca. 100 000 wieder entlassen waren.[5] Die zweite Phase begann in der amerikanischen Zone mit dem Befreiungsgesetz, das eine Mitwirkung der Deutschen bei den Verfahren vorsah. Durch Kontrollratsdirektive vom 12. Oktober 1946 wurden die Prinzipien des Befreiungsgesetzes auch auf die anderen Zonen übertragen.

Die Entnazifizierung wurde von Spruchkammern in einem gerichtsförmigen Verfahren durchgeführt und endete mit dem Entnazifizierungsbescheid und der Einstufung des Betroffenen in eine von fünf Kategorien (Hauptschuldiger, Belasteter, Minderbelasteter, Mitläufer, Entlasteter). Das Strafmaß hing von der Einstufung ab und sah Geldbußen, Vermögensentzug, Amtsenthebung, Wahlrechtsbeschränkung und Internierung bis zu 10 Jahren vor.[6]

Grundlage einer eventuellen Anklageerhebung und des Spruchkammerverfahrens war ein umfassender Fragebogen, der detailliert über den persönlichen, beruflichen und politischen Werdegang einer Person Auskunft erheischte. Um die Abgabe der Fragebögen sicherzustellen, griff man zum damals wirksamsten Sanktionsmittel: Lebensmittelkarten erhielten nur Personen, die ihren Fragebogen abgegeben hatten. Da Einstellungen bei Behörden oder in der Wirtschaft – von einfachen Handarbeiten abgesehen – nur nach erfolgter Entnazifizierung vorgenommen wurden, hatten die meisten Betroffenen aber ohnehin ein Interesse an einem schnellen Abschluß des Verfahrens.

Nach Fürstenau wurden in den Westzonen über 6 Millionen Entnazifizierungsbögen bearbeitet.[7] In der US-Zone, in der die Verfahren am schärfsten durchgeführt wurden, standen insgesamt 3,6 Millionen Entnazifizierungsverfahren an, die wie folgt eingestuft bzw. erledigt wurden:

Hauptschuldige (Gruppe I)	1 654
Belastete (Gruppe II)	22 122
Minderbelastete (Gruppe III)	106 422
Mitläufer (Gruppe IV)	485 057
Entlastete (Gruppe V)	18 454
unter Amnestie fallend	2 789 196
Verfahren aus anderen Gründen eingestellt	200 207

Die Sowjets gingen in ihrer Zone weniger bürokratisch vor. Der kleine Pg erhielt grundsätzlich die Chance, sich in die neue Gesellschaftsordnung zu integrieren. Der öffentliche Dienst wurde allerdings konsequent von ehemaligen Mitgliedern der NSDAP gesäubert, das galt neben der Verwaltung vor allem für den Justizbereich und das gesamte Schul- und Hochschulwesen. Insgesamt wurden in den Jahren von 1945 bis 1948 etwa 520 000 ehemalige Nationalsozialisten aus Verwaltung und Wirtschaft entfernt.[8] So wurde von ca. 40 000 Lehrern etwa die Hälfte entlassen.[9] 80 % aller Richter und Staatsanwälte wurden aus dem Justizbereich entfernt oder nicht wieder eingestellt.[10] Im Februar 1948 wurde die Entnazifizierung in der sowjetischen Zone offiziell für abgeschlossen erklärt.

In den Westzonen hat sich die Entnazifizierung als Fehlschlag erwiesen, weil sie ihren eigentlichen Zweck, die Nazi-Aktivisten aus dem öffentlichen Leben zu entfernen und einer gerechten Strafe zuzuführen, nicht erreicht hat. Die Notwendigkeit der Entnazifizierung wurde zunächst auch bei vielen Deutschen anerkannt, zu viele waren schließlich juristisch und moralisch während der NS-Zeit schuldig geworden. Erst als die insbesondere von den Amerikanern praktizierte Entnazifizierungsstrategie – Briten und Franzosen verfuhren wesentlich pragmatischer und weniger übereilt – in der Praxis ihre schweren Mängel erkennen ließ, häufte sich auf deutscher Seite die Kritik.

Auch bei den verantwortlichen Alliierten löste das Procedere der Entnazifizierung mehr und mehr Unbehagen aus, bis die amerikanischen Militärbehörden – durch Kritik aus den USA und durch die veränderten weltpolitischen Rahmenbedingungen – Ende Mai 1948 die gesamte Überwachung der Entnazifizierung einstellten und die Angelegenheit damit den Deutschen überließen. Kritik und Einwände konzentrierten sich vor allem auf den Versuch, das gesamte deutsche Volk mittels Fragebogen zu erfassen und politisch zu durchleuchten, was zu einem enormen bürokratischen Aufwand führte und kein geeignetes Mittel war, um die Spreu vom Weizen zu trennen. Die sich schleppend hinziehenden Spruchkammerverfahren führten zu Unmut und Verbitterung, weil sie kleine und große Nazis zunächst in einen Topf warfen und darüber hinaus in vielen Familien zu wirtschaftlichen Härten führten, da die Betroffenen bis zum Ab-

schluß des Verfahrens einem Berufsverbot unterlagen. Das gerichtsförmige Verfahren, das zunächst bei jedem Betroffenen von einer
Schuldannahme ausging, führte zu Heuchelei, Schuldverdrängung
und einer Praxis des gegenseitigen Reinwaschens. Persönliche Entla-
stungsversuche mittels »Persilscheinen«, jener eidesstattlichen Erklärung von Zeugen, die den Angeklagten eine untadelige politische
Einstellung oder christliche Lebensführung bescheinigten, machten
die Verfahren oft zur Farce.

»Subjektiv hat das Entnazifizierungsverfahren viele Deutsche daran
gehindert, zu erkennen, daß sie objektiv ein mehr oder weniger
wichtiger Teil der Maschinerie des totalitären Nazistaates waren,
ohne den das Dritte Reich niemals hätte entstehen können.«[11]
Das ohnehin schon langwierige gerichtsförmige Verfahren, das den
Angeklagten auch Rechtsmittel einräumte und damit die Prozedur
noch weiter verlängerte, benachteiligte die kleinen Nazis, die als
erste abgeurteilt wurden. Die schweren Fälle, die häufig interniert
waren, wurden zuletzt dem Spruchkammerverfahren unterworfen.
Diese Strategie entbehrte nicht der Logik; sie konnte, als sie geplant
wurde, allerdings nicht davon ausgehen, daß Entnazifizierungsmü-
digkeit und -verdruß, und das damit einhergehende immer milder
werdende Strafmaß, gerade die großen Nazis begünstigen würde.
Das Ende vom Lied war, daß die kleinen Pgs zur Kenntnis nehmen
mußten, daß die »großen Tiere« besser weggekommen waren als
sie selbst. Viele der solchermaßen »Entnazifizierten« sollten später
in hohe und höchste Stellungen und politische Ämter aufrücken. Sie
konnten sich fast immer darauf berufen, daß sie ja ordnungsgemäß
entnazifiziert worden seien.
Die Bundesrepublik zog mit Artikel 131 des Grundgesetzes einen
Schlußstrich unter die Entnazifizierung. Danach wurden alle Beamten – soweit sie nicht strafrechtlich abgeurteilt wurden – wieder in
den öffentlichen Dienst übernommen.

AUFRUF!

Vor der Spruchkammer in Stade soll das
Entnazifizierungsverfahren gegen den früheren

Propagandaleiter der NSDAP und Leiter
des Sicherheitsdienstes (Gestapo)

Kreisschulrat

Friedrich Baumgarten

geb. 10. 12. 98 in Ülzen

wohnhaft Peine, Hopfenstraße 13

eingeleitet werden.

Personen, welche über denselben konkrete Angaben, möglichst mit
Zeugenbenennung hinsichtlich politischen Verhaltens, insbesondere in Bezug auf Judenverfolgungen und Verfolgungen Andersdenkender, machen
können, werden gebeten, dieses schriftlich oder zu Protokoll bis zum

5. März 1948 in der Geschäftsstelle des

Entnazifizierungs - Schiedsgerichts in Peine
Am Markt 2

anzubringen. – Es wird ausdrücklich darauf hingewiesen, daß anonyme
Schreiben nicht bearbeitet werden.

Deutsches Entnazifizierungs-Schiedsgericht
Landkreis Peine.

Großhessisches Staatsministerium

Der Minister für Wiederaufbau und politische Befreiung

Kammer Frankfurt a. M.

Aufruf

Das Gesetz zur Befreiung von National-sozialismus und Militarismus hat die „Be-freiung" ausschließlich in deutsche Hände gelegt. Es ermöglicht die individuelle Be-handlung jedes einzelnen Falles nur durch Deutsche, die mit den Ereignissen und Umständen während des Hitlerregimes aufs Beste vertraut sind. Das Ziel des Gesetzes ist, jedem Gerechtigkeit zuteil werden zu lassen, ausschließlich ent-sprechend seinem Verhalten während der Dauer der nationalsozialistischen Herrschaft.

Das Gesetz soll und wird nicht kleinlicher Rache dienen. Es muß uns jedoch be-freien von den unseligen Vertretern und Anhängern der Doktrinen, die unser Volk innerhalb eines Menschenalters zum zweiten Male ins Elend geführt haben.

Es soll aber gleichzeitig denjenigen, die mit dem Nationalsozialismus innerlich nichts zu tun hatten, sondern lediglich aus politischer Unreife, Schwachheit oder gar Existenzzwang eine rein äußer-liche Bindung damit eingingen, in ge-rechter Abstufung entsprechend ihrer Haltung den Weg in die Zukunft öffnen. Die bis jetzt gefällten Sprüche der Frankfurter Spruchkammern sind ein sprechender Beweis für das unbeirrbare Streben ihrer Mitarbeiter nach Gerech-tigkeit.

Für die Klageerhebung steht dem öffent-lichen Kläger zunächst nur der Melde-bogen zur Verfügung. Nun hat sich in-dessen eine große Zahl wirklich Be-lasteter, die im sogenannten Dritten Reich

an dessen spezifisch verbrecherischen Handlungen teilnahmen, z. B. Mitbürger um Leben, Freiheit und Seelenruhe brachten oder sich mit Hilfe der NSDAP bedenkenlos bereicherten, vor dem Ab-gabetermin des Meldebogens an kleinere Orte begeben, wo man von ihrem Ver-halten nichts weiß. Wieder andere, die sich ebenso vergangen haben, jedoch nominell in keiner Weise belastet sind - sie waren so vorsichtig, sich nicht offiziell zum Nationalsozialismus zu bekennen - fühlen sich heute unter dem Schutz ihres „weißen Meldebogens" absolut sicher. Hier muß die Mitarbeit der gesamten Bürgerschaft einsetzen. Sie muß unter Ueberwindung von Angst, Bequemlichkeit oder irgendwelcher „edlerer" Motive

dem öffentlichen Kläger alles wirklich
belastende Material schriftlich mitteilen

- natürlich keine Belanglosigkeiten und jede Mitteilung unter voller Namensnen-nung - damit Schuldige, die sich ver-krochen haben, herbeigeholt werden und anscheinend Harmlose einer eingehen-den Prüfung unterzogen werden können. Falls diese Mitarbeit ausbleibt, dann wird der größte Teil dieser besonders Schul-digen, nämlich der Terroristen, der Prügler, der Denunzianten, der Scharf-macher und der Siegmüsser, d. h. der-jenigen, die um ihres materiellen Vorteils

willen sich für die Fortdauer der Herr-schaft des Unrechtes und des Ungeistes einsetzten, straffrei ausgehen, während zwangsläufig die anderen mehr oder minder Harmlosen mangels des Auf-tauchens der wirklich Schuldigen einer viel schärferen Prüfung unterzogen wer-den und in einem viel größeren Ausmaß leidtragend sein werden, als sie es eigentlich verdienen.

Die Besatzungsmacht hat uns mit der Genehmigung des deutschen Befreiungs-

gesetzes einen großen Vertrauensbeweis geliefert. Das Gesetz ist uns nicht in den Schoß gefallen, es mußte hart erarbeitet und erkämpft werden. Wir sind über-zeugt, daß alle, die der braunen Herr-schaft in irgend einer Form ablehnend gegenüberstanden, mithelfen werden, an der Befreiung des Volkes von den Schul-digen, sowie der Befreiung der Unschul-digen und Harmlosen von dem auf ihnen lastenden Druck, sich selbst zum Wohle und der Welt zum Beweis, daß nicht alle Deutschen „Nazis" waren.

Zuschriften sind zu richten an:

Den öffentlichen Kläger, Frankfurt am Main
Liebigstrasse 41

Druck Franz Jos. Henrich, Ffm.-Schwanheim Auflage 100 1. 44.

Reeducation

»Eine Zeitungslizenz ist so viel wert wie die Erlaubnis, Geld zu drucken«

Entnazifizierung und Umerziehung (reeducation) gehörten nach dem alliierten Deutschlandkonzept zusammen wie Kolben und Zylinder einer Maschine. Man wollte es nicht bei Abwehrmaßnahmen wie der Aburteilung der Hauptkriegsverbrecher und der Bestrafung der kleinen und großen Nazis bewenden lassen, sondern auch den verhängnisvollen Geist des Nazismus ausrotten und konstruktive Maßnahmen zur Demokratisierung der deutschen Gesellschaft ergreifen.
Die Umerziehung begann an manchen Orten mit einer Schocktherapie, über deren Wirkung allerdings wenig bekannt ist. Bewohner aus der Umgebung von Konzentrationslagern wurden z. B. gezwungen, diese zu besichtigen. In der US-Zone wurde die Bevölkerung verpflichtet, sich den Film »Todesmühlen« über die Konzentrationslager anzusehen.
Das eigentliche Umerziehungskonzept sah vor, mit Hilfe verläßlicher und politisch untadeliger Deutscher in den sensiblen Bereichen wie Presse, Rundfunk, Film sowie an Schulen, Hochschulen und in der Erwachsenenbildung die Deutschen, insbesondere Kinder und Jugendliche, zu überzeugten Demokraten zu erziehen bzw. »umzuerziehen«, wie der Terminus lautete.
Unmittelbar nach der alliierten Besetzung wurden als erste Maßnahme alle Zeitungen verboten, Rundfunksendungen eingestellt bzw. in Regie der Besatzungsmächte weiterbetrieben sowie Schulen und Hochschulen geschlossen.
Für die ersten Zeitungen, die wieder erschienen, zeichnete die Abteilung für psychologische Kriegführung der amerikanischen Armee verantwortlich. Der verantwortliche Offizier, Hans Habe, sollte sich

später erinnern: »Lange bevor sie überhaupt europäischen Boden
betreten hatten, hatten die Amerikaner eine ›amerikanische Presse
für die deutsche Bevölkerung‹ geplant; die Zeitungen sollten so
lange in amerikanischen Händen bleiben, bis es den ›Lizenzierungs-
Teams‹ gelingen würde, politisch saubere und publizistisch tüchtige
deutsche Herausgeber zu finden.«[1]

Als erste amerikanische Zeitung auf deutschem Boden erschien noch
während der Kampfhandlungen die »Aachener Nachrichten«; sie
waren noch »eine Übung im Dilettantismus«, wie sich Habe später
erinnerte.[2] Es folgten weitere Ausgaben wie der »Kölnische Kurier«,
der »Weser-Bote« in Bremen, die »Frankfurter Presse«, der »Braun-
schweiger Bote«, die »Allgemeine Zeitung« in Berlin, um nur einige
zu nennen. Die Amerikaner gründeten insgesamt 12 Zeitungen, deren Auflage jeweils zwischen 400 000 und 1 000 000 lag, die Auflage
aller Zeitungen lag bei etwa 4,6 Millionen Exemplaren.[3] Die hohen
Auflagen konnten die starke Nachfrage der informationshungrigen
Bevölkerung nicht abdecken. Die Armeezeitungen blieben Episode,
sie stellten bis Ende 1945 ihr Erscheinen ein, um Presseerzeugnissen
Platz zu machen, die von deutschen Lizenzträgern herausgegeben
wurden. In der US-Zone durfte als erste deutsche Zeitung die
»Frankfurter Rundschau« am 1. August 1945 erscheinen. Von ihren
fünf Lizenzträgern waren zwei Kommunisten. Um die Überparteilichkeit einer Zeitung zu gewährleisten, versuchten die Amerikaner,
Vertreter aller Parteien – einschließlich der Kommunisten – in die
Herausgebergremien hineinzubringen. Mit Beginn des kalten Krieges 1947/48 schieden die kommunistischen Lizenzträger aber wieder aus.[4]

Bei der Auswahl der Lizenzträger legten die Amerikaner strenge
Maßstäbe an, wobei die politische Unbedenklichkeit noch vor der
fachlichen Qualifikation rangierte. Vor allem achteten sie darauf,
daß die Bewerber um eine Lizenz nicht durch journalistische Tätig-
keiten während der NS-Zeit korrumpiert waren. Zum eigentlichen
Auswahlverfahren gehörten mündliche Interviews, das Schreiben
von Aufsätzen, Intelligenztests und selbst klinische Tests.

Nach Einstellung ihrer deutschsprachigen Armeezeitungen gründeten die Amerikaner im Oktober 1945 in München »Die Neue Zeitung« als überregionale Zeitung für die US-Zone. Ihr erster Chef-

redakteur, Hans Habe, verstand es, durch die Art der Berichterstattung und ein gewisses Einfühlungsvermögen in die Situation der Deutschen, die Zeitung so attraktiv zu machen, daß trotz einer Auflage von 2,5 Millionen Exemplaren viele Abonnentenwünsche unberücksichtigt blieben.[5]

Als Leiter des Feuilletons schrieb Erich Kästner für die Zeitung, zur Redaktion gehörten auch der damalige Leutnant der US-Armee, Stefan Heym, der für die Außenpolitik verantwortlich zeichnete, sowie der ehemalige Redakteur der »Vossischen Zeitung«, Hans Wallenberg, der Habes Nachfolger als Chefredakteur wurde. Viele bekannte Namen des westdeutschen Zeitungswesens verdienten sich bei der Neuen Zeitung ihre ersten journalistischen Sporen. Habe sollte viele Jahre später feststellen:

»... aus dieser Redaktion sind sechzehn deutsche Chefredakteure und über dreißig Redakteure in leitenden Stellungen hervorgegangen.«[6]

Wie kritisch die Amerikaner der Berichterstattung der »Lizenzblätter« verfolgten, zeigt das Beispiel der »Süddeutschen Zeitung«, die seit Anfang Oktober 1945 gedruckt wurde. In einem am 4. Juni 1946 publizierten Artikel hatte sich die Zeitung mit der Vertreibung der Sudetendeutschen und mit der sowjetischen Besatzungsmacht kritisch befaßt. Da eine kritische Berichterstattung über die Besatzungsmächte nicht erlaubt war, durfte die »Süddeutsche Zeitung« für vier Wochen nur mit einem auf vier Seiten pro Ausgabe reduzierten Umfang erscheinen. Eine Maßnahme, die ihre Popularität allerdings eher gesteigert haben dürfte.[7]

Die britische Militärregierung gab in ihrer Zone als eigene Zeitung »Die Welt« heraus, die sich vor allem der journalistischen Maxime verpflichtet fühlte, Berichterstattung und Kommentar strikt voneinander zu trennen. »Die Welt« nahm ihren Umerziehungsauftrag eher zurückhaltend wahr und legte vor allem Wert auf ein breites Informationsangebot, was ihr leicht möglich war, da sie seit Anfang 1947 den Welt-Dienst der »Times« benutzen konnte (eine Art deutsche »Times« hatte sie nach dem Willen der Engländer auch werden sollen).[8] 1953 wurde »Die Welt« nach mehrjährigen Verkaufssondierungen schließlich an Axel Springer verkauft. Adenauers Interesse an der Zeitung wurde durch Proteste von Sozialdemokraten und

Gewerkschaften bei den Engländern schnell neutralisiert. Die Engländer hatten »Die Welt« auch den Gewerkschaften angeboten,
doch hatten diese abgewinkt.[9]
In der französischen Zone erschienen die ersten Zeitungen im Herbst
1945 als überparteiliche Blätter, deren Herausgeberkollegien pari-
tätisch aus Vertretern der vier Parteien zusammengesetzt wurden.[10]
Die Pressezensur wurde von der französischen Militäradministration
schärfer als von den Briten und Amerikanern gehandhabt.
Auch die sowjetische Militäradministration gab eine eigene »Tages-
zeitung des Kommandos der Roten Armee für die deutsche Bevölkerung« heraus, die »Tägliche Rundschau«. Zeitungslizenzen wurden
nur an Parteien, Massenorganisationen und öffentliche Institutionen
vergeben. In dem Maße, wie die Parteien rechts von der SED ihre
politische Selbständigkeit verloren und in die »Nationale Front«
integriert wurden, verloren die Parteizeitungen auch ihre autonome
Berichterstattung, soweit sie unter den allgemeinen Systembedin-
gungen überhaupt noch möglich gewesen war.

Zwischen Kapitulation und Währungsreform erfuhr die politisch-literarische Monatsschrift einen einzigartigen Aufstieg. Sie war das
Forum, in dem eine geschlagene Nation die Themen und Probleme
der Zeit diskutierte und analysierte. Vielen Angehörigen der jungen
Generation, der während ihrer prägenden Jahre ausschließlich die
NS-Ideologie eingehämmert worden war, boten die Kulturzeitschrif-
ten so etwas wie Orientierung und ideologischen Halt in bezug
auf die konkurrierenden Wertvorstellungen und Weltanschauungen
der Nachkriegszeit. Da die Zeitschriften von der Zensur nicht so
stark beaufsichtigt wurden wie die Tagespresse, war ihr kritischer
Bewegungsspielraum größer, was ihre Attraktivität wiederum erhöhte.
Bedeutende Namen der kulturellen und intellektuellen Elite engagierten sich nach den Jahren der geistigen Isolation für den kulturellen Wiederaufbau.[11] Der aus Frankreich in der Uniform eines
Oberstleutnants zurückgekehrte Alfred Döblin gab »Das goldene
Tor« heraus. Alfred Kantorowicz, der sich nach der amerikanischen
Emigration im Ostsektor von Berlin niederließ, redigierte die Zeit-
schrift »Ost und West«. Karl Jaspers und Dolf Sternberger waren für

»Die Wandlung« verantwortlich, Friedrich Langenfaß und Rudolf Alexander Schröder fungierten als Herausgeber der »Zeitblende«. »Der Ruf« wurde von Alfred Andersch und Hans-Werner Richter herausgegeben, er war die Keimzelle der »Gruppe 47«. Eugen Kogon und Walter Dirks gründeten die »Frankfurter Hefte«, die vor der Währungsreform eine Auflage von 75 000 Exemplaren erreichten und Ende 1984 bei einer Auflagenhöhe von 3000 Heften mit der SPD-nahen Zeitschrift »Die neue Gesellschaft« fusionieren und damit ihre lang gehegte Unabhängigkeit aufgeben mußten.

Die Umerziehungspolitik beschränkte sich nicht nur auf die Massenmedien. Ein weiterer Schwerpunkt war das gesamte Erziehungswesen. Das Ziel einer umfassenden Demokratisierung der deutschen Gesellschaft und der Abbau autoritärer Denk- und Verhaltensmuster sollte nach Vorstellung der Alliierten langfristig über das Erziehungswesen erreicht werden. Dieser Prozeß konnte nach Auffassung der Amerikaner nur gelingen, wenn entsprechende Eingriffe in Struktur und Inhalte der Bildungseinrichtungen vorgenommen wurden. Erste Maßnahmen betrafen die Lehrerschaft, der man besonders mißtraute. Lehrerausfälle durch laufende Entnazifizierungsmaßnahmen (z. B. bewegte sich die Zahl der in Hessen zunächst nicht verwendungsfähigen Volksschullehrer zwischen 55 % und 75 %)[12] wurden notdürftig durch die Einstellung von Schulhelfern oder durch die Reaktivierung von Pensionären kompensiert; letztere Maßnahme hatte zur Folge, daß in der amerikanischen Zone 1947 fast jeder zweite Lehrer über 60 Jahre alt war.[13] Die durch den Lehrermangel – bedingt durch Entnazifizierung, Kriegsausfälle und Gefangenschaft – verursachten großen Klassen waren eine schlechte Ausgangslage für pädagogische Reformbemühungen. Die Grundgedanken der schulreformerischen Leitvorstellungen der Amerikaner – diese fanden sogar weitgehend Eingang in die Direktive Nr. 54 des Alliierten Kontrollrats vom 25. Juli 1947 – forderten Schulgeld- und Lernmittelfreiheit, die Einführung der sechsjährigen Grundschule als Minimalforderung auf dem Wege zu einer Gesamtschule, die allgemeine Schulpflicht vom 6. bis zum 15. Lebensjahr, eine Revision der Lehrpläne und Schulbücher und die universitäre Ausbildung für Lehrer aller Schularten.[14]

Die pädagogischen Reformvorstellungen der Amerikaner fielen in den Ländern ihrer Zone auf unterschiedliche Resonanz. Den stärksten Widerstand fanden sie in Bayern vor; in Bremen und Hessen, wo sich amerikanische und sozialdemokratische Reformvorstellungen teilweise deckten und wo die regierenden Sozialdemokraten diese auch politisch durchsetzen konnten, wurde das Reformkonzept der Amerikaner zumindest in Ansätzen verwirklicht. Die Einführung des Faches Gemeinschaftskunde ist z. B. auf amerikanische Bemühungen zurückzuführen, ebenfalls die Einrichtung von Lehrstühlen für Politikwissenschaft. Entgegen ihren ursprünglichen Plänen haben die Westalliierten die personelle Besetzung an den Universitäten im Hinblick auf eine Entfernung politisch belasteter Professoren aus dem Lehramt letztlich wenig beeinflussen können. Dagegen haben sie, ähnlich die Briten, durch die Schaffung großzügiger Stipendien- und Austauschprogramme schon früh zur Verständigung und Versöhnung beigetragen. Auch die zahlreichen Aktivitäten und Programme amerikanischen Militärpersonals für Kinder und Jugendliche sind in diesem Zusammenhang zu erwähnen (Freizeitgestaltung, Jugendclubs, Jugendzeitschriften etc.).

In den Zielen ihrer Umerziehungspolitik im Sinne einer Demokratisierung der Gesellschaft über das Erziehungswesen waren sich die Anglo-Amerikaner einig. Während die Amerikaner anfangs dazu neigten, ihre demokratischen Zielvorstellungen auch mit den autoritären Mitteln einer Besatzungsdiktatur durchzusetzen, hielten sich die Briten mehr im Hintergrund und versuchten mit der indirekten Methode des »observing, assisting and advising« die deutschen Kultusbürokratien zu überzeugen.[15] Als Motor entschiedener pädagogischer Reformen fielen beide Besatzungsmächte aber schon Ende 1948 praktisch aus. Vor dem Hintergrund der sich abzeichnenden Weststaatslösung und des sich verschärfenden Ost-West-Konflikts sahen sie dringlichere Aufgaben, als sich an der Hinhaltetaktik deutscher Bildungspolitiker aufzureiben.

BRIEF HISTORY OF GERMANY
1740 - 1945

FREDERICK THE GREAT OF PRUSSIA 1740-1786

1740 Invaded Silesia

1741 War with Austria

1742 Gained Silesia and East Friesland

1756-63 Seven Years' War with Austria, France, Sweden, Russia

Prussia became the dominant force in North Germany (Austria dominated South Germany)

OTTO VON BISMARCK — 1862-1890
(1st Chancellor of German Empire, under Kaiser William I)

1864 War with Denmark
Prussia obtained more land

1866 Seven Weeks' War with Austria
Increased Prussia's area from 110,000 to 140,000 square miles

1870 War with France
Treaty of Frankfurt gave Germany Alsace and eastern part of Lorraine German Empire under Prussian leadership a reality

KAISER WILLIAM II — 1888-1918

Germany became a naval power, acquired overseas possessions

1914 Germany at war with England, Russia and France

1917 The United States entered war against Germany

1918 World War ended
Germany lost 27,000 square miles of the Empire and all overseas possessions

1918-33 Weimar Republic established

ADOLF HITLER — 1933-1945

1933 Became Chancellor of Germany

1938 (Mar) Absorbed Austria

1938 (Sept) Appeasement at Munich gained Germany the Sudetenland

1939 (Mar) Seized rest of Czechoslovakia

1939 (Sept) Germany invaded Poland England and France declared war on Germany

1941 (June) Germany invaded Russia

1941 (Dec) Germany declared war on the US

1945 (8 May) Germany surrendered unconditionally

1945 (JULY) POTSDAM AGREEMENT AMONG US, UK AND USSR

MISSION AND OBJECTIVES OF THE US OCCUPATION

1. DENAZIFICATION: Removal of Nazis from all positions of power. Largely accomplished but continuing in SPRUCHKAMMER courts

2. DEMILITARIZATION: Removal and destruction of all German military power. Continuing

3. DEINDUSTRIALIZATION: Removal and destruction of German industrial capacity to a level agreed upon at Potsdam. Continuing

NEGATIVE

A FREE, PEACEFUL AND DEMOCRATIC GERMANY

POSITIVE

1. RE-EDUCATION: By example the soldier is showing the German what it means to be a citizen of a democratic country

2. SELF-GOVERNMENT: The US has given the responsibility for the governing of the US Zone to the German people

3. FREE ELECTIONS: In 1946 many Germans voted for the first time. In the US Zone, constitutions for each state were voted upon late in the year

4. ACCENT ON GERMAN YOUTH: German youth are the ones we may educate to a free and democratic way of life — this is being accomplished through the German Youth Program

5. BALANCED ECONOMY: Germany is to be treated as an economic unit — steps are being taken to make the US Zone as self-sustaining as possible

Freitag

Frankfurter Presse

HERAUSGEBER: DIE AMERIKANISCHE 12 HEERESGRUPPE FÜR DIE DEUTSCHE ZIVILBEVÖLKERUNG

Treffen zwischen Truman, Churchill, Stalin:

WASHINGTON, 14. Juni. — Der Zeitpunkt der bevorstehenden Konferenz zwischen Präsident Truman, Premierminister Churchill und Marschall Stalin ist endgültig festgelegt worden. Nähere Einzelheiten über dieses Zusammentreffen werden bis zum Beginn der Konferenz geheimgehalten.

Polnisches Problem wird gelöst:

MOSKAU, 14. Juni. — Polnische Vertreter aller politischen Richtungen sind aus Polen und England nach Moskau unterwegs, um an einer Konferenz teilzunehmen, deren Ziel die Erweiterung der provisorischen polnischen Regierung auf nationaler Grundlage ist.

Fortschritte auf Borneo und Okinawa:

CANBERRA, 14. Juni. — Australische Truppen sind 15 Kilometer landeinwärts auf Borneo vorgedrungen. Andere australische Streitkräfte unternahmen eine neue Landung an der Westküste der Insel. Auf Okinawa halten die Japaner nur noch ein etwa 15 Quadratkilometer großes Gebiet.

Kommandant von Buchenwald verhaftet:

MÜNCHEN, 14. Juni. — Hermann Pister, der ehemalige Kommandant von Buchenwald, wurde verhaftet. Er hatte sich als deutscher Soldat verkleidet.

——— Aus Frankfurt: ———

FRANKFURT, 14. Juni. — Mit Zustimmung der Militärregierung wird bekanntgegeben: „Die gesundheitliche Überwachung von Personen, die an ansteckenden Krankheiten leiden oder ansteckenden Krankheiten ausgesetzt sind, war durch die Verhältnisse auf kurze Zeit unterbrochen. Die Fälle ansteckender Krankheiten haben sich vermehrt, weil Personen, die an solchen leiden, sich nicht in ärztliche Behandlung begeben haben. Es ist unbedingt notwendig, daß alle Personen, die an ansteckenden Krankheiten leiden oder ansteckenden Krankheiten ausgesetzt sind, sich sofort medizinischer Kontrolle unterziehen."

Ab 1. August 1945

erscheint in Frankfurt a. Main eine neue Zeitung,
die „Frankfurter Rundschau". Mit Erlaubnis der
amerikanischen Militärregierung wird dieses
Blatt von Deutschen herausgegeben und geleitet.
Sichern Sie sich sofort

ein Abonnement

durch Bestellung! Annahme in allen Stadtteilen in
Geschäften mit Plakataushang. Infolge der Schwierigkeiten
in der Papierversorgung kommt die Zeitung zunächst nur
zweimal wöchentlich heraus. Der Preis für ein Abonnement

auf die
„Frankfurter Rundschau"

stellt sich auf RM 1.55 und RM –.30 Trägergebühr pro Monat.

Die neue „Frankfurter Rundschau" ist
der Ausdruck unseres ehrlichen Willens
zur demokratischen Zusammenarbeit!

Abonniert

die neue Zeitung!

Published with approval of Military Government.

Kulturelle Erneuerung

»Eintrittskarten gegen Briketts«

Am schnellsten ging der Wiederaufbau auf kulturellem Gebiet voran. Schon wenige Wochen nach Kriegsende gab es wieder Theateraufführungen und öffentliche Konzerte. In Berlin fand schon Ende Mai, noch vor dem Einzug der Westalliierten, die erste Schauspielpremiere statt, gespielt wurde im Renaissance-Theater »Der Raub der Sabinerinnen«.[1] Für die Bevölkerung waren die Musik- und Theateraufführungen eine Ablenkung vom tristen Alltag, obwohl sie noch nicht unter friedensmäßigen Bedingungen stattfanden. Die Ensembles spielten entweder in ihren notdürftig reparierten Stammhäusern oder in Behelfsquartieren, die im Winter oft gar nicht oder nur ungenügend geheizt wurden. Theaterkarten waren bisweilen nur gegen entsprechende Sachleistungen wie Kohlen oder Nägel zu erwerben. Nie wieder waren die Theater so gut besetzt wie in dieser Zeit unmittelbar nach dem Kriege. Die Münchner Kammerspiele konnten 1945 z. B. eine Platzausnutzung von 95 % registrieren.[2] Der kulturelle Nachholbedarf, das Interesse für in der NS-Zeit verbotene Theaterstücke und die Neugier auf ausländische Bühnenwerke wie Sartres »Fliegen« oder Thornton Wilders »Unsere kleine Stadt« waren ein Grund für die starke Nachfrage des Publikums. Das Bedürfnis, die Alltagssorgen vornehmlich bei Komödien und Operetten für ein paar Stunden zu verdrängen, war sicherlich ein weiterer Grund für die ausverkauften Vorstellungen. Kunst war so ziemlich die einzige Ware, die man für wertlose Reichsmark kaufen konnte. Nicht von ungefähr kam die große Theater- und Zeitschriftenkrise mit der Währungsreform, als das knappe Geld andere Prioritäten diktierte.

Ebenso wie die Herausgeber von Zeitungen oder Zeitschriften hatten sich die Theaterleiter einem besonders gründlichen Lizenzierungsverfahren zu unterziehen. Spielpläne und Besetzungslisten mußten anfangs den Theateroffizieren vorgelegt werden.[3]

Auch gab es schwarze Listen mit Werken, »die man in Anbetracht der gegenwärtigen geistigen psychologischen Verfassung der Deutschen nicht aufgeführt sehen wollte«.[4] Klassische Bühnenwerke, in denen eine Diktatur verherrlicht wird, wie Julius Cäsar von Shakespeare, oder in denen Widerstand gegen eine Besatzungsmacht gezeigt wird, wie in Goethes »Egmont« oder Schillers »Wilhelm Tell«, fielen dem Verdikt der Theateroffiziere zum Opfer.[5]

In den Großstädten, allen voran Berlin, München, Hamburg und Düsseldorf, schossen die politisch-literarischen Kabaretts wie Pilze aus dem Boden. Auch hier bestand im doppelten Sinne Nachholbedarf. In der NS-Zeit galt jede Form des kritischen Kabaretts als »zersetzend« und wurde bereits im Keim erstickt. Die bekannten Berliner Kabaretts »Katakombe« und »Tingel-Tangel« wurden 1935 von der Gestapo geschlossen.

Zu den Kabarettisten der ersten Stunde gehörte nach dem Kriege auch Werner Finck, der es in der Berliner »Katakombe« gewagt hatte, Nazigrößen anzupflaumen, und der schließlich von den Nazis Berufsverbot erhalten hatte.

Die wiedergewonnene Meinungsfreiheit, die allerdings in der Kritik an den Alliierten auf ihre Grenzen stieß, und die allgemeinen Zeitumstände mit ihren Mängeln, Versorgungsschwierigkeiten, Schiebern, Schwarzhändlern, Besatzern und Besetzten aller politischen Schattierungen waren ein ideales Feld für Scherz, Satire, Ironie mit und ohne tiefere Bedeutung. Berufene und Unberufene stellten Anträge auf eine Kabarettlizenz.

»In der ›Kammer der Kunstschaffenden‹ stapelten sich im Oktober 1945 nicht weniger als 600 Konzessionsanträge für Kabarett und Varietés allein im Stadtbereich Groß-Berlin.«[6]

Eine Kabarettlizenz erhielten nur wenige. In München machte die »Schaubude« Furore, für die Erich Kästner Texte schrieb. In einem Bericht des amerikanischen Kontrolloffiziers vom 20. Juni 1946 heißt es: »Mit Abstand das beste Kabarett ist wohl zur Zeit ›Die Schaubude‹ (Reitmorstraße), zugleich auch das größte Kabarett. Ausgezeichnet literarisch, gelegentlich eine gewisse Rückgratlosigkeit. Es wird unter größtem Beifall sowohl gegen die Nazis als auch gegen die Amerikaner geschossen. Um das Publikum zu charakterisieren, könnte man sagen: Kurfürstendamm. Man hat dort gute Schauspieler wie Ursula Herking und Bum Krüger. Im Urteil des Publikums steht ›Die Schaubude‹ wirklich über dem Durchschnitt.«[7]

Die Besatzungsmächte warfen ein kritisches Auge auf die Kabarettprogramme, zumal sie selbst oft Zielscheibe des Spotts waren. Das von dem Schriftsteller Herrmann Mostar gegründete Kabarett »Die Hinterbliebenen«, das 1947/48 eine Gastspielreise durch verschiedene Großstädte unternahm, erregte z. B. in München nicht nur den Zorn einiger Stadtväter wegen angeblich antikonfessioneller Couplets, sondern auch den Unwillen der Besatzungsmacht. Im Oktober 1948 mußte »Die Schaubude« in Bremen ein Gastspiel wegen »heimtückischer Angriffe« auf die Amerikaner abbrechen.[8]

Daß zwei Jahre nach dem Untergang des Dritten Reiches im Publikum auch noch mit dem Beifall von der falschen Seite gerechnet werden mußte, wird aus dem Bericht eines amerikanischen Kontrolloffiziers über das Programm der »Hinterbliebenen« deutlich: »Im Kabarett ist der Puls des Publikums, auch der politische Puls, besonders deutlich zu fühlen. Als Beispiel sei der durchaus gegen den Faschismus gedachte Schüttelreim angeführt, der wegen zu starken Beifalls in umgekehrter Richtung gestrichen werden mußte. ›... daß, um uns vor östlicher Nacht zu beschützen, man schon wieder anfängt, Herrn Schacht zu benützen...‹«[9]

Auch die Filmtheater wurden wenige Wochen nach Kriegsende wieder geöffnet. Gezeigt wurden zunächst unsynchronisierte Filme aus der Produktion der Besatzungsmächte und unverdächtige Unterhaltungsfilme deutscher Herkunft. Als erste Besatzungsmacht halfen die Russen einer deutschen Filmproduktion wieder auf die Beine. In Berlin entstand der erste deutsche Nachkriegsfilm unter der Regie von Wolfgang Staudte mit Hildegard Knef in der Hauptrolle. Sein Titel: »Die Mörder sind unter uns.« Der Film ist eine Abrechnung mit der NS-Vergangenheit. Er spielt in der Ruinenlandschaft Berlins und erzählt die Geschichte eines Fabrikanten, der im Osten zum Kriegsverbrecher wurde.

Ebenfalls 1946 entstand bei der DEFA der Trümmerfilm »Irgendwo in Berlin«. Im Oktober 1947 fand in allen vier Sektoren Berlins gleichzeitig die Uraufführung des DEFA-Films »Ehe im Schatten« statt, der sich in Anlehnung an das Schicksal des Schauspielers Joachim Gottschalk und seiner Frau mit dem NS-Rassenwahn auseinandersetzt.

In der britischen Zone erhielt Helmut Käutner 1946 die Lizenz für den Film »In jenen Tagen«, der im Juni 1947 in Hamburg uraufgeführt wurde. Käutner schildert in diesem Episodenfilm die Geschichte eines Autos und das Schicksal seiner verschiedenen Besitzer in den Jahren von 1933 bis 1945.

Filme wie »Und über uns der Himmel« (1947), die Geschichte eines Heimkehrers im Trümmermilieu der Nachkriegszeit, oder »Zwischen Gestern und Morgen« (1947), der sich mit der NS-Vergangenheit auseinandersetzt, greifen Probleme und Schicksale im Nachkriegsdeutschland auf.

Die kabarettistische Satire »Berliner Ballade« (1948) mit Gert Fröbe und Tatjana Sais behandelt die Orientierungsschwierigkeiten eines Heimkehrers im Nachkriegsalltag. Auf der Biennale in Venedig erhielt der Film 1949 internationale Anerkennung durch die Verleihung eines Sonderpreises.[10]

Während in den Jahren 1947/48 in allen Besatzungszonen zeitkritische Filme entstanden, ebbte das Engagement in den Westzonen sehr bald ab, gesellschaftskritische Ansätze versandeten, um ab 1949 mit Gründung der Bundesrepublik den oberflächlichen Unterhaltungserzeugnissen der neuen Traumfabrik Platz zu machen.

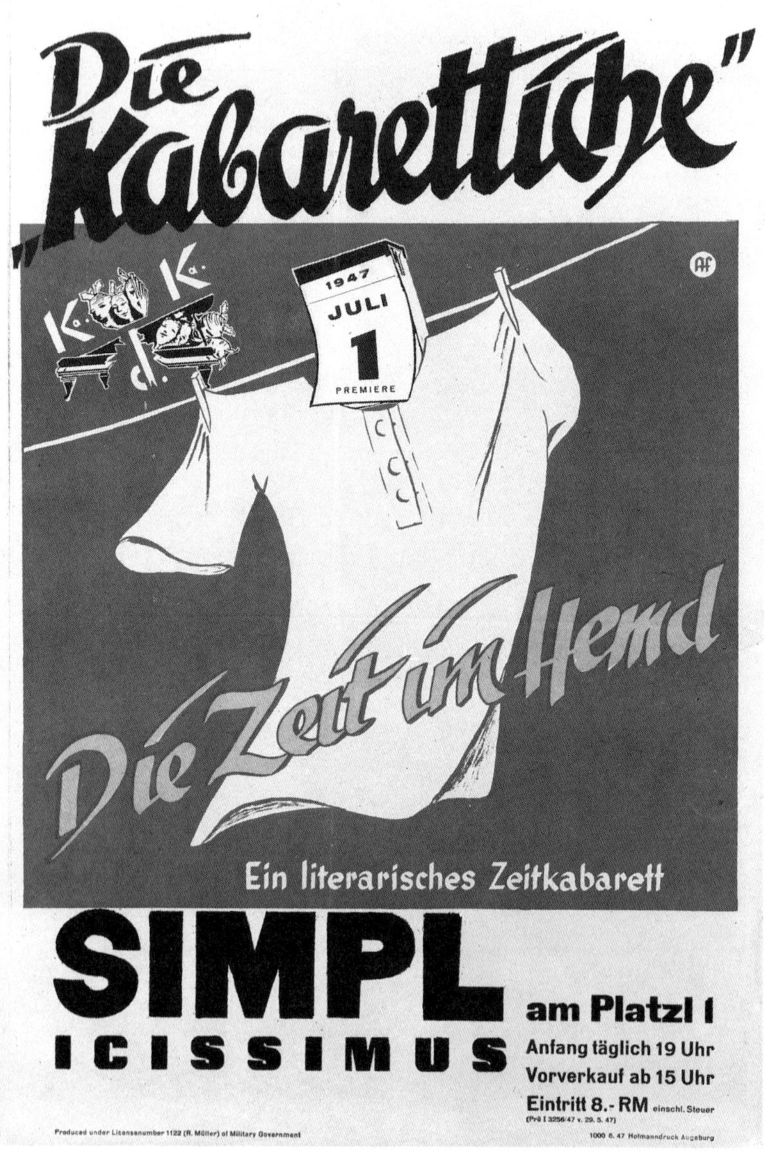
„Die Kabarettiche"
1947
JULI
1
PREMIERE
Die Zeit im Hemd
Ein literarisches Zeitkabarett
SIMPL
ICISSIMUS
am Platzl 1
Anfang täglich 19 Uhr
Vorverkauf ab 15 Uhr
Eintritt 8.- RM einschl. Steuer
(Prü I 3256/47 v. 29. 5. 47)
Produced under Licensenumber 1122 (R. Müller) of Military Government
1000 6. 47 Hofmanndruck Augsburg

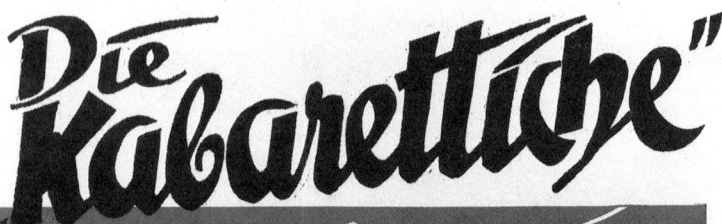

Ab 1. November täglich 18.30 Uhr

gastieren die

Hinterbliebenen

wieder im

Kleinen Theater im Zoo

Sichern Sie sich rechtzeitig Karten! Vorverkauf: Zookasse (11-13, 16-19 Uhr),
Nanda Stock, Rathenau-Platz / Rosswog, Bahnhofsplatz

Gastspiel nur bis 14. November

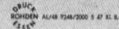

Anhang

Anmerkungen

Wesen und Aufgabe des Plakats

1 Zur Geschichte und Funktion des Plakats vgl. Gallo 1975; Hampel/Grulich 1971; Hillier 1969; Medebach 1969; Müller-Brockmann 1971; Rademacher 1965; Schindler 1972
2 Gallo 1975, S. 12
3 Schindler 1972, S. 16
4 Peters 1968, S. 12
5 Gallo 1975, S. 10
6 Gallo 1975, S. 10f.
7 Dovifat 1968
8 Roloff 1927
9 Vgl. Müller-Brockmann 1971, S. 14f.
10 Rademacher 1965, S. 169
11 Vgl. Hampel/Grulich 1971, S. 77
12 Vgl. Hampel/Grulich 1971, S. 66

Politische Plakate in der Nachkriegszeit

1 Vgl. Müller 1978, S. 200

**Von der bedingungslosen Kapitulation zur Staatsgründung –
Stationen der politischen Entwicklung**

1 Vgl. Rexin 1978, S. 10–14; vgl. allgemein Becker/Stammen/Wald-
  mann 1979; Benz 1984; Erdmann 1983; Eschenburg 1983; Kleßmann 1982; Overesch 1979; Vogelsang 1983; Düwell 1981
2 Vgl. Kleßmann 1982, S. 68; Th. Stammen 1979, S. 70
3 Vgl. Latour/Vogelsang 1973, S. 120–131; Erdmann 1983, S. 210
4 Vgl. Grebing u. a. 1980, Bd. 2, S. 163; Stammen: Das alliierte
  Besatzungsregime, S. 73
5 Eschenburg 1983, S. 85
6 Ebenda, S. 85
7 Zur politischen Geographie der Besatzungszonen. Vgl. Stammen,
  Das alliierte Besatzungsregime, S. 71–80
8 Vgl. Eschenburg 1983, S. 87
9 Vgl. Erdmann 1983, S. 206; Stammen 1979, S. 76
10 Vgl. Grebing u. a. 1980, Bd. 2, S. 165
11 Vgl. E. Pikart 1974, S. 151
12 Vgl. Erdmann 1983, S. 398 f.
13 Rexin 1978, S. 28
14 Kaack 1971, S. 157
15 Vgl. Eschenburg 1983, S. 121
16 Vgl. zu den Wahlergebnissen in den Ländern die Tabellen bei
   Kaack 1971, S. 182–187, und Erdmann 1983, S. 394–396
17 Grebing u. a. 1980, Bd. 2, S. 169
18 Ebenda
19 Grebing u. a. 1980, Bd. 2, S. 170
20 Erdmann 1983, S. 201
21 Grebing u. a. 1980, Bd. 2, S. 171
22 Vgl. Benz 1984 (Besatzungsherrschaft), S. 39 f.
23 Düwell 1981, S. 80; Steininger 1983, S. 214
24 Steininger 1983, S. 216
25 Vgl. Benz 1984 (Besatzungsherrschaft), S. 44
26 Vgl. Stammen 1979, S. 82
27 Latour/Vogelsang 1973, S. 170 f.; Kleßmann 1982, S. 185
28 Kaack 1971, S. 189
29 Düwell 1981, S. 88

30 Benz 1984 (Besatzungsherrschaft), S. 63
31 Ebenda, S. 105
32 Sontheimer 1971, S. 30
33 Ruhl 1982, S. 472
34 Ebenda
35 Grebing u. a. 1980, Bd. 2, S. 227
36 Merritt/Merritt 1970, S. 307; Beyme 1979, S. 19

Sieger und Besiegte

1 Zit. bei Rudolph 1982, S. 41
2 Ebenda
3 Zit. bei Grobecker u. a. 1981, S. 24
4 Zit. bei Hillel 1983, S. 186
5 Zit. bei Ruhl 1980, S. 93
6 Grobecker u. a. 1981, S. 24
7 Ebenda, S. 28
8 Wuermeling 1981
9 Institut für Demoskopie 1948, in: Zentner 1984, Bd. 2, S. 84
10 Scherpe 1982, S. 362
11 Grosser 1982, S. 78 f.
12 Schneider 1984, S. 30
13 Grosser 1982, S. 81
14 Ebenda, S. 82
15 Adenauer 1965, S. 34 ff.
16 W. Treue 1962, S. 28
17 Grosser 1982, S. 97
18 Ebenda

Parteien – Fundamente des politischen Aufbaus

1 Vgl. hierzu und zu den folgenden Kapiteln: Stöss 1983; Schlangen 1979; Kaack 1971; Olzog/Liese 1983; Treue 1968. Zur SPD vgl. Heimann, in: Stöss 1983
2 Treue 1968, S. 183
3 Vgl. hierzu und zum folgenden: Molt, in: Hättich 1964; Schmidt, in: Stöss 1983

4 Treue 1961, S. 63
5 Bergsträsser 1965, S. 240
6 Molt 1964, S. 118
7 Schmidt 1983, S. 496
8 Eschenburg 1983, S. 193
9 Molt 1964, S. 124
10 Steininger 1983, Bd. 1, S. 117
11 Molt 1964, S. 125
12 Vgl. Mintzel, in: Stöss 1983
13 Vgl. Dittberner, in: Stöss 1983
14 Ebenda, S. 1316
15 Ebenda, S. 1314
16 Erdmann 1983, S. 157; Olzog/Liese 1983, S. 97
17 Vgl. Schmidt, in: Stöss 1983
18 Ebenda, S. 1207
19 Ebenda, S. 1203
20 Treue 1968, S. 235
21 Vgl. Schmollinger, in: Stöss 1983
22 Ebenda, S. 1050
23 Steininger 1983, Bd. 1, S. 189; zur KPD vgl. Staritz, in: Stöss 1983
24 Programm des SSW v. 5. 8 1948, in: Treue 1968, S. 247
25 Woller, in: Stöss 1983
26 Bocklet 1979, S. 336
27 Vgl. Mintzel (Bayernpartei), in: Stöss 1983
28 Ebenda, S. 395
29 Treue 1968, S. 249

Lebensbedingungen und Versorgungslage

1 Trees u. a. 1978, S. 51
2 Berger/Müller 1983, S. 22
3 Ebenda, S. 25; Steininger 1983, Bd. 1, S. 87
4 Berger/Müller 1983, S. 74
5 Rudolph 1982, S. 37
6 Whiting 1970, S. 112
7 Abelshauser, in: Winkler 1979, S. 215f.

8 Ebenda, S. 214
9 Rudolph 1982, S. 36 f.
10 Steininger 1983, Bd. 1, S. 88
11 Deutscher, in: Scherpe 1982, S. 351
12 Bericht des Chefs der Care-Mission, abgedr. in: Kleßmann 1982, S. 365 f.
13 Zit. bei Röhrich 1983, S. 93 f.
14 Kogon, in: Stein 1976, S. 43
15 Scherpe 1982, S. 238
16 Troll, in: Scherpe 1982, S. 397
17 Frisch, in: Glaser 1980, S. 213
18 Ruhl 1980, S. 177
19 Weiss, in: Scherpe 1982, S. 367

Wirtschaftliche Entwicklung

1 Ruhl 1982, S. 115 f.
2 Ebenda, S. 59 f.
3 Weber 1978, S. 216
4 Benz 1984 (Besatzungsherrschaft), S. 31
5 In: Steininger 1983, Bd. 1, S. 215
6 Ebenda, S. 235

Sozialisierungs- und Reformbemühungen

1 Steininger 1983, Bd. 1, S. 117
2 Kocka, in: Stern/Winkler 1979, S. 148
3 Vgl. Kleßmann 1982, S. 113
4 Steininger 1983, Bd. 2, S. 343
5 Grebing u. a. 1980, S. 155
6 Vgl. Plum, in: Westdeutschlands Weg, 1976, S. 113 f.; Grebing u. a. 1983, S. 186
7 Vgl. Trittel 1975, S. 12
8 Vgl. hierzu und zum Folgenden: Ebenda, S. 13 ff.

Unterwegs in Deutschland:
Flüchtlinge, Heimkehrer, Verschleppte

1　Steininger 1983, Bd. 1, S. 82
2　Vgl. Kleßmann 1982, S. 40
3　Dokumentation der Vertreibung, Bd. I I, S. 142 E, zit. nach Kleß-
　　mann 1982, S. 41
4　Franck 1983, S. 74
5　de Zayas 1980, S. 129
6　Ebenda
7　Ebenda, S. 131
8　Ebenda, S. 24
9　Loebel 1979, S. 24
10　Erdmann 1983, S. 125
11　Overesch 1979, S. 50

Entnazifizierung und Antifaschismus

1　Steininger 1983, S. 49
2　Kleßmann 1982, S. 79
3　Rudolph 1982, S. 125
4　Erdmann 1983, S. 114–116
5　Fürstenau 1958
6　Ebenda, Sp. 1197
7　Ebenda, Sp. 1199 f.
8　Vgl. Dotterweich, in: Becker/Stammen/Waldmann 1979, S. 156
9　Vgl. Kleßmann 1982, S. 83
10　Ebenda
11　Sontheimer 1971, S. 23

Reeducation

1　Habe 1977, S. 46
2　Ebenda, S. 47
3　Rudolph 1982, S. 152

4 Eschenburg 1983, S. 151
5 Habe 1977, S. 108
6 Ebenda, S. 143
7 Prinz 1984, S. 257
8 Eschenburg 1983, S. 153
9 Ebenda, S. 154
10 Ebenda, S. 155
11 Vgl. Zeller 1973, S. 144–162
12 Bungenstab 1970, S. 74
13 Ebenda, S. 75
14 Ebenda, S. 91
15 Pakschies 1979, S. 267

Kulturelle Erneuerung

1 Angermair, in: Prinz 1984, S. 202
2 Prinz 1984, S. 405
3 Angermair, in: Prinz 1984, S. 193
4 Ebenda
5 Ebenda
6 Borgelt 1983, S. 189
7 OMGUS-Bericht, abgedruckt bei: Jendricke 1982, S. 307 f.
8 Ebenda, S. 326
9 Ebenda, S. 319 f.
10 Bauer 1950, S. 691

Plakatverzeichnis

Der Verfasser möchte an dieser Stelle den Archivaren und Kustoden danken, ohne deren freundliche Hilfe dieses Projekt nicht möglich gewesen wäre.

H = Herausgeber/Verantwortlich
E = Entwurf
D = Druck
J = Jahr
F = Format
A = Archiv

Die Maße der Plakate sind in cm (Höhe x Breite) angegeben. Alle Angaben, soweit sie zu ermitteln waren.

Titelbild **D:** A. Bagel, Düsseldorf; **J:** 1949; **F:** 83x59; **A:** Staatsarchiv Hamburg

   1 **D:** A. Bagel, Düsseldorf; **J:** 1949; **F:** 83x59; **A:** Staatsarchiv Hamburg

   2 **H:** SPD; **D:** Druckerei Hempel, Köln; **J:** 1946; **F:** 42x30; **A:** Historisches Archiv der Stadt Köln

   3 **E:** Atlanta Service, Frankfurt; **J:** 1945; **A:** Münchner Stadtmuseum

   4 **J:** 1945; **A:** Stadtarchiv Peine

   5 **J:** 1945; **A:** Stadtarchiv Frankfurt

   6 **D:** Druckerei Hempel, Köln; **J:** um 1945; **F:** 85x60; **A:** Historisches Archiv der Stadt Köln

   7 **D:** Druckerei Hempel, Köln; **J:** um 1945; **F:** 85x60; **A:** Historisches Archiv der Stadt Köln

   8 **D:** Druckerei Hempel, Köln; **J:** um 1945; **F:** 85x60; **A:** Historisches Archiv der Stadt Köln

9 **E:** N; **D:** Druckerei Hempel, Köln; **J:** um 1945; **F:** 88×60;
    A: Historisches Archiv der Stadt Köln

10 **J:** 1945; **F:** 30×21; **A:** Niedersächsisches (im folgenden: Nds)
    Staatsarchiv Wolfenbüttel

11 **E:** N; **D:** Druckerei Hempel, Köln; **J:** um 1946; **F:** 86×60;
    A: Historisches Archiv der Stadt Köln

12 **J:** 1945; **A:** Bundesarchiv Koblenz (im folgenden: Bundes-
    archiv)

13 **J:** 1945; **A:** Bundesarchiv

14 **J:** 1945; **A:** Nds. Staatsarchiv Wolfenbüttel

15 **H:** Control Commission for Germany (B E); **J:** 1945; **A:** Nds.
    Staatsarchiv Wolfenbüttel

16 **D:** Blümlein u. Co., Frankfurt; **J:** 1946; **F:** 61×43; **A:** Stadtarchiv
    Frankfurt

17 **J:** SBZ 1946; **A:** Bundesarchiv

18 **J:** SBZ 1947; **A:** Bundesarchiv

19 **E:** MIC; **D:** Vorwärts-Druckerei, Berlin-Treptow; **J:** 1948;
    F: 43×30; **A:** Landesarchiv Berlin

20 **H:** Parteivorstand der KPD; **E:** GAL; **D:** Stark, Bad Dürkheim;
    J: 1949; **F:** 60×42; **A:** Staatsarchiv Bremen

21 **J:** 1945; **A:** Stadtarchiv Peine

22 **J:** 1945; **A:** Stadtarchiv Frankfurt

23 **J:** 1945; **A:** Stadtarchiv Peine

24 **J:** 1946; **A:** Nds. Staatsarchiv Wolfenbüttel

25 **J:** 1947; **F:** 82×54; **A:** Landesarchiv Berlin

26 **E:** Demand; **D:** Maindruck, Frankfurt; **J:** 1947; **F:** 61×43;
    A: Stadtarchiv Frankfurt

27 **E:** J. v. Mellenthin; **D:** G. Blümlein, Frankfurt; **J:** 1947; **F:** 59×42;
    A: Stadtarchiv Frankfurt

28 **E:** Grazioli; **D:** G. Blümlein, Frankfurt; **J:** 1946; **F:** 59×42;
    A: Stadtarchiv Frankfurt

29 **E:** E. G.; **D:** G. Stritt, Frankfurt; **J:** 1946; **F:** 60×42; **A:** Stadt-
    archiv Frankfurt

30 **J:** 1949; **A:** Staatsarchiv Hamburg

31 **J:** 1949; **A:** Staatsarchiv Hamburg

32 **D:** Andritzki-Druck, Berlin-Wilmersdorf; **J:** 1946; **F:** 60×42;
    A: Landesarchiv Berlin

33 **E:** C. Reiser; **D:** Kunst im Druck, Obpacher AG, München;
J: um 1946; **F:** 84×59; **A:** Stadtmuseum München

34 **E:** G. Krauskopf; **J:** 1946; **F:** 84×59; **A:** Landesarchiv Berlin

35 **E:** Becher; **D:** Lichtwitz, Berlin; **J:** 1945; **F:** 43×29; **A:** Bundesarchiv

36 **J:** 1948; **F:** 41×30; **A:** Stadtarchiv Hannover

37 **J:** 1946; **A:** Stadtarchiv Goslar

38 **D:** E. Zander, Berlin SW 29; **J:** 1947; **F:** 84×59; **A:** Landesarchiv
Berlin

39 **E:** H. Krieg; **D:** Kunst im Druck, Obpacher AG, München; **J:** um
1949; **F:** 60×42; **A:** Stadtmuseum München

40 **J:** um 1949; **A:** Bundesarchiv

41 **J:** 1946; **F:** 41×30; **A:** Stadtarchiv Bochum

42 **D:** Gundlachwerke, Bielefeld; **J:** 1947; **F:** 58×42; **A:** Staatsarchiv Bremen

43 **D:** H. Ganter, Köln; **J:** 1949; **F:** 59×42; **A:** Stadtarchiv Bochum

44 **J:** um 1949; **A:** Staatsarchiv Hamburg

45 **E:** W. Hanke; **D:** G. Knoblauch, Stuttgart; **J:** 1946; **F:** 56×41;
A: Staatsarchiv Bremen

46 **E:** W. Hanke; **D:** G. Knoblauch, Stuttgart; **J:** 1946; **F:** 56×41;
A: Staatsarchiv Bremen

47 **E:** Schöning; **D:** C. L. Schrader, Hannover; **J:** 1946; **F:** 42×30;
A: Stadtarchiv Hannover

48 **E:** Brüncker, Köln; **D:** H. Ganter, Köln; **J:** 1949; **F:** 59×42;
A: Historisches Archiv der Stadt Köln

49 **J:** SBZ 1946; **A:** Gesamtdeutsches Institut Bonn

50 **J:** 1949; **A:** Staatsarchiv Hamburg

51 **J:** 1949; **F:** 60×42; **A:** Münchner Stadtmuseum

52 **H:** Christl. Soziale Union in Bayern. Der Generalsekretär
ORR Strauß; **J:** um 1949; **F:** 60×42; **A:** Stadtmuseum München

53 **D:** Hartung, München; **J:** 1948; **A:** Münchner Stadtmuseum

54 **E:** Ha; **D:** Gebr. Sülter, Hamburg; **J:** 1946; **A:** Staatsarchiv
Hamburg

55 **J:** 1946; **A:** Staatsarchiv Hamburg

56 **E:** R. A.; **D:** Offsetdruck Weserkurier; **J:** 1947; **F:** 83×58;
A: Staatsarchiv Bremen

57 **D:** Illie, Göppingen; **J:** 1947; **F:** 60×42; **A:** Bundesarchiv

58 **D:** Betschinger, Reutlingen; **J:** 1947; **F:** 62x44;
 A: Bundesarchiv
59 **E:** Sperling; **D:** Zerreis u. Co., Nürnberg; **J:** 1948; **F:** 61x43;
 A: Münchner Stadtmuseum
60 **D:** Gebr. Jänecke, Hannover; **J:** 1947; **F:** 59x41; **A:** Stadtarchiv
 Hannover
61 **D:** Industriedruck, Essen; **J:** 1947; **F:** 45x30; **A:** Stadtarchiv
 Hannover
62 **D:** Industriedruck, Essen; **J:** 1947; **F:** 61x44; **A:** Stadtarchiv
 Hannover
63 **E:** R.; **D:** Industriedruck, Essen; **J:** 1947; **F:** 43x29; **A:** Stadtarchiv Hannover
64 **D:** Industriedruck AG, Essen; **J:** 1947; **F:** 59x41; **A:** Stadtarchiv
 Hannover
65 **D:** Buchdruckerei Albert Funke, Hannover; **J:** 1946; **F:** 42x30;
 A: Stadtarchiv Hannover
66 **D:** CDH, Hannover; **J:** 1946; **F:** 42x30; **A:** Stadtarchiv
 Hannover
67 **D:** Schünemann-Druck, Bremen; **J:** 1949; **F:** 84x59; **A:** Staatsarchiv Bremen
68 **D:** Th. Schäfer, Hannover; **J:** 1948; **F:** 43x31; **A:** Stadtarchiv
 Hannover
69 **E:** SERWIG; **D:** Schlachter u. Rühger, Hamburg; **J:** 1946;
 A: Staatsarchiv Hamburg
70 **J:** 1946; **A:** Staatsarchiv Hamburg
71 **J:** 1949; **A:** Staatsarchiv Hamburg
72 **D:** Stark und Co., Bad Dürkheim; **J:** um 1948; **F:** 60x42;
 A: Münchner Stadtmuseum
73 **D:** Stark, Bad Dürkheim; **J:** 1949; **F:** 60x42; **A:** Staatsarchiv
 Hamburg
74 **E:** Rex-studio; **J:** 1946; **F:** 85x60; **A:** Gesamtdeutsches Institut
 Bonn
75 **D:** Karl Huth, Berlin C2; **J:** 1946; **F:** 42x30; **A:** Landesarchiv
 Berlin
76 **J:** SBZ 1946; **A:** Bundesarchiv
77 **D:** E. Thieme, Berlin-Niederschöneweide; **J:** 1947; **F:** 59x42;
 A: Landesarchiv Berlin

78 **E:** Heinz; **J:** SBZ 1945/1946; **F:** 86×61; **A:** Gesamtdeutsches Institut Bonn

79 **J:** 1949; **F:** 59×42; **A:** Stadtarchiv München

80 **H:** Kreisverband Oberbayern der Bayern-Partei; **D:** Kunst im Druck, Opbacher AG, München; **J:** um 1948; **F:** 59×42; **A:** Münchner Stadtmuseum

81 **J:** 1948; **F:** 58×41; **A:** Bundesarchiv

82 **J:** 1949; **A:** Stadtarchiv München

83 **D:** Kunst im Druck, Opbacher AG, München; **J:** 1948; **F:** 60×42; **A:** Münchner Stadtmuseum

84 **H:** Radikal-Soziale Freiheitspartei; **D:** Carl v.d. Linnepe, Lüdenscheid; **J:** 1949; **F:** 59×42; **A:** Stadtarchiv Bochum

85 **D:** Hempel-Heyme, Hamburg; **J:** 1946; **A:** Staatsarchiv Hamburg

86 **H:** Control Commission for Germany (BE); **J:** 1946; **A:** Staatsarchiv Hamburg

87 **J:** 1946; **A:** Stadtarchiv Peine

88 **E:** Verantwortlich für den Inhalt: Dr. med. Böhler; **D:** D. Kramp u. Comp., Offenbach; **J:** 1946; **F:** 59×42; **A:** Stadtarchiv Frankfurt

89 **D:** Stähle u. Friedel, Stuttgart; **J:** 1946; **F:** 84×60; **A:** Stadtarchiv Frankfurt

90 **D:** Stähle u. Friedel, Stuttgart; **J:** 1946; **F:** 84×60; **A:** Münchner Stadtmuseum

91 **D:** Limbach, Braunschweig; **J:** 1947; **F:** 30×21; **A:** Nds. Staatsarchiv Wolfenbüttel

92 **D:** G. Franz'sche Buchdruckerei, München; **J:** 1948; **F:** 61×44; **A:** Münchner Stadtmuseum

93 **J:** um 1949; **F:** 84×60; **A:** Hessisches Landesmuseum Darmstadt

94 **E:** E. Kappes; **J:** 1947; **F:** 61×42; **A:** Münchner Stadtmuseum

95 **E:** Trickl; **J:** 1948; **F:** 84×59; **A:** Münchner Stadtmuseum

96 **E:** Uhrhan; **D:** Mainzer Verlagsanstalt und Druckerei; **J:** 1948; **F:** 42×30; **A:** Stadtarchiv Frankfurt a.M.

97 **E:** Henry Garde; **J:** 1946; **A:** Staatsarchiv Bremen

98 **D:** H. Ganter, Köln; **J:** 1947; **F:** 43×31; **A:** Historisches Archiv der Stadt Köln

99 **E:** Fotopress Bilderdienst, Heidelberg; **D:** Nürnberger Presse, Nürnberg; **J:** um 1946; **F:** 61×43; **A:** Münchner Stadtmuseum

100 **D:** Gebr. Jänicke, Hannover; **J:** 1947; **F:** 58×41; **A:** Stadtarchiv Hannover

101 **J:** 1946; **A:** Stadtarchiv München

102 **J:** 1949; **A:** Staatsarchiv Hamburg

103 **H:** Parteivorstand der SED; **J:** 1948; **F:** 86×61; **A:** Landesarchiv Berlin

104 **J:** 1948; **A:** Stadtarchiv München

105 **J:** um 1950; **F:** 71×51; **A:** Münchner Stadtmuseum

106 **J:** um 1949; **F:** 59×42; **A:** Münchner Stadtmuseum

107 **E:** Schöning; **J:** 1947; **F:** 42×30; **A:** Stadtarchiv Hannover

108 **E:** AH; **J:** 1948; **F:** 61×41; **A:** Münchner Stadtmuseum

109 **D:** Gebr. Sülter, Hamburg; **J:** 1946; **F:** 60×42; **A:** Staatsarchiv Hamburg

110 **D:** A. Rettberg, Luhdorf; **J:** 1947; **F:** 42×29; **A:** Bundesarchiv

111 **D:** Gebr. Jänicke, Hannover; **J:** 1947; **F:** 58×41; **A:** Stadtarchiv Hannover

112 **J:** 1946; **A:** Stadtarchiv München

113 **H:** Deutscher Gewerkschaftsbund zur Volksabstimmung über Art. 47 der Bremischen Verfassung; **E:** Henry Garde; **D:** Weser-Kurier, Bremen; **J:** 1947; **F:** 83×59; **A:** Staatsarchiv Bremen

114 **E:** Zentral Werbedienst, Köln; **D:** Weichhold-Druck, Hagen-Haspe; **J:** um 1947; **F:** 42×30; **A:** Bundesarchiv

115 **D:** Erich Thieme, Berlin-Niederschöneweide; **J:** SBZ 1946; **F:** 58×42; **A:** Gesamtdeutsches Institut Bonn

116 **E:** K. R.; **D:** Graph. Anstalt E. Haase, Berlin N 65; **J:** 1946; **F:** 61×42; **A:** Landesarchiv Berlin

117 **H:** Zardad Miasta Gdanska; **J:** 1945; **A:** Bundesarchiv

118 **E:** MS; **D:** Atelier Scheller, Hildesheim; **J:** 1947; **F:** 43×30; **A:** Stadtarchiv Hannover

119 **J:** 1947; **F:** 61×43; **A:** Staatsarchiv Bremen

120 **E:** Rutter; **J:** um 1947; **A:** Bundesarchiv

121 **J:** um 1945; **F:** 30×21; **A:** Nds. Staatsarchiv Wolfenbüttel

122 **E:** TEKA; **D:** Kunst im Druck, Obpacher AG, München; **J:** vor 1949; **F:** 59×42; **A:** Münchner Stadtmuseum

123 **J:** 1946; **F:** 44×31; **A:** Bundesarchiv

124 **E:** F; **J:** 1946; **F:** 84×60; **A:** Bundesarchiv
125 **E:** ERIC; **D:** E. Zander, Berlin; **J:** 1947; **F:** 81×58; **A:** Bundes-archiv
126 **D:** F. Scherrer, Hannover; **J:** 1948; **F:** 42×30; **A:** Stadtarchiv Hannover
127 **J:** 1948; **F:** 42×30; **A:** Stadtarchiv Peine
128 **D:** Franz Jos. Henrich, Frankfurt; **J:** 1946; **F:** 61×43; **A:** Stadt-archiv Frankfurt
129 **H:** US-Army; **J:** 1947; **F:** 150×80; **A:** Bundesarchiv
130a **H:** US-Army; **J:** 1947; **F:** 57×82; **A:** Bundesarchiv
130b **H:** US-Army; **J:** 1947; **F:** 57×82; **A:** Landesarchiv Berlin
131 **H:** US-Army; **J:** 1947; **F:** 87×160; **A:** Bundesarchiv
132 **H:** US-Army; **J:** 1947; **F:** 160×87; **A:** Bundesarchiv
133 **H:** Die Amerikanische 12. Heeresgruppe für die deutsche Zivil-bevölkerung; **J:** 1945; **F:** 57×40; **A:** Stadtarchiv Frankfurt
134 **J:** 1945; **F:** 57×40; **A:** Stadtarchiv Frankfurt
135 **J:** 1949; **F:** 59×42; **A:** Staatsarchiv Hamburg
136 **J:** 1946; **A:** Stadtarchiv München
137 **E:** DEFA; **J:** SBZ 1947; **F:** 44×30; **A:** Gesamtdeutsches Institut Bonn
138 **J:** um 1949; **F:** 61×42; **A:** Münchner Stadtmuseum
139 **E:** Kreische; **D:** Druckhaus Tempelhof, Berlin; **J:** 1946; **F:** 60×42; **A:** Landesarchiv Berlin
140 **E:** Böttcher; **D:** Druckhaus Tempelhof, Berlin; **J:** 1947; **F:** 54×38; **A:** Landesarchiv Berlin
141 **E:** A. F.; **D:** Hofmanndruck, Augsburg; **J:** 1947; **F:** 61×43; **A:** Münchner Stadtmuseum
142 **E:** Packschies; **D:** G. Gewildes; **J:** 1946; **F:** 60×42; **A:** Landes-archiv Berlin
143 **H:** Schorchtfilm; **D:** Kunst im Druck, Obpacher AG, München; **J:** um 1948; **A:** Münchner Stadtmuseum
144 **D:** G. Blümlein u. Co., Frankfurt; **J:** 1946; **F:** 58×42; **A:** Stadt-archiv Frankfurt
145 **E:** Jo Pieper; **D:** Rohden, Essen; **J:** 1947; **F:** 42×30; **A:** Münchner Stadtmuseum
146 **D:** Joh. Walch, Augsburg; **J:** 1947; **F:** 61×42; **A:** Münchner Stadtmuseum

Abkürzungsverzeichnis

AP	Arbeiterpartei
BCSV	Badische Christlich-Soziale Volkspartei
BDV	Bremer Demokratische Volkspartei
BHE	Block der Heimatvertriebenen und Entrechteten
BP	Bayernpartei
BVP	Bayerische Volkspartei
CARE	Cooperative for American Remittances to Everywhere Europe
CCFA	Conseil de Contrôle de la France pour l'Allemagne (in Baden-Baden)
CCG/BE	Control Commission for Germany/British Element (in Bad Oeynhausen)
CDU	Christlich-Demokratische Union
CDUD	Christlich-Demokratische Union Deutschlands
CSU	Christlich-Soziale Union
DDP	Deutsche Demokratische Partei
DEFA	Deutsche Film-AG
DemP	Demokratische Partei
DKP	Deutsche Konservative Partei
DP	Deutsche Partei
DPs	Displaced Persons (verschleppte Zwangsarbeiter in deutschen Diensten)
DRP	Deutsche Rechtspartei
DVP	Demokratische Volkspartei
ERP	European Recovery Program (Europäisches Wiederaufbauprogramm/Marshall-Plan)

FDP	Freie Demokratische Partei
KZ	Konzentrationslager
KPD	Kommunistische Partei Deutschlands
LDP	Liberal-Demokratische Partei
LDPD	Liberal-Demokratische Partei Deutschlands
Nds.	niedersächsisch
NG	Notgemeinschaft
NLP	Niedersächsische Landespartei
NSDAP	Nationalsozialistische Deutsche Arbeiterpartei
OMGUS	Office of Military Government for Germany (in Frankfurt/Main)
Pg	Parteigenosse
RPD	Republikanische Partei Deutschlands
RSF	Radikal-Soziale Freiheitspartei
RVP	Rheinische Volkspartei
RWVP	Rheinisch-Westfälische Volkspartei
SED	Sozialistische Einheitspartei Deutschlands
SMAD	Sowjetische Militäradministration (in Berlin-Karlshorst)
SPD	Sozialdemokratische Partei Deutschlands
SSV	Südschleswigscher Verein
SSW	Südschleswigscher Wählerverband
VBH	Vaterstädtischer Bund Hamburg
VD	Veneral Desease (Geschlechtskrankheiten)
WAV	Wirtschaftliche Aufbau-Vereinigung
Z	Zentrum

Tabellen der Wahlergebnisse

Ergebnisse der Landtagswahlen 1946/47 einschließlich der Ergebnisse in den Westsektoren Berlins 1946 und 1948

TABELLE 1: 30. Juni 1946 Bayern (Verfassungsgebende Landesversammlung)*

Wahlberechtigt: 3596767
Wahlbeteiligung: 77,5 %
Gültige Stimmen: 2725571
Mandate: 180

davon	CSU	SPD	KPD	WAV	FDP
Stimmen absolut	1587595	786045	145749	137765	68417
Stimmenanteil in %	58,3	28,8	5,3	5,1	2,5
Mandate	109	51	9	8	3

TABELLE 2: 30. Juni 1946 Hessen (Verfassungsgebende Landesversammlung)

Wahlberechtigt: 2192859
Wahlbeteiligung: 71,0 %
gültige Stimmen: 1475997
Mandate: 90

davon	SPD	CDU	KPD	LPD	AP/SAP
Stimmen absolut	653584	550242	144024	119538	8609
Stimmenanteil in %	44,3	37,3	9,7	8,1	0,6
Mandate	42	35	7	6	–

* Quelle für die Tabellen 1–17: Kaack 1971, S. 182–187
  Quelle für die Tabellen 18–23: Erdmann 1983, S. 399
  Quelle für die Tabelle 24: Datenhandbuch zur Geschichte des Deutschen Bundestages 1949 bis 1982, Bonn 1983, S. 34.

TABELLE 3: 30. Juni 1946 Württemberg-Baden (Verfassungsgebende Landesversammlung)

Wahlberechtigte:	1790403
Wahlbeteiligung:	67,5%
gültige Stimmen:	1161185
Mandate:	100

davon	CDU	SPD	DVA	KPD
Stimmen absolut	474555	374922	195053	116655
Stimmenanteil in %	40,9	32,3	16,8	10,0
Mandate	41	32	17	10

TABELLE 4: 13. Oktober 1946 Hamburg (1. Bürgerschaft)

Wahlberechtigt:	968454
Wahlbeteiligung:	79,0%
gültige Stimmen:	2807805 (pro Wähler 4 Stimmen)
Mandate:	110

davon	SPD	CDU	FDP	KPD	RSF	DKP	RPD	Unabh.
Stimmen absolut	1210010	749153	509632	291701	20034	9625	3769	13881
Stimmenanteil in %	43,1	26,7	18,2	10,4	0,7	0,3	0,1	0,5

TABELLE 5: 20. Oktober 1946 Berlin (Westsektoren) (Stadtverordnetenversammlung)

Wahlberechtigt:	1453016
Wahlbeteiligung:	91,4%
gültige Stimmen:	1302971
Mandate:	81

davon	SPD	CDU	SED	LDP
Stimmen absolut	674209	316205	179124	133433
Stimmenanteil in %	51,7	24,3	13,7	10,3
Mandate	42	20	11	8

Teilergebnis einer Gesamtberliner Wahl

TABELLE 6: 24. November 1946 Württemberg-Baden (1. Landtag)

Wahlberechtigt:	1 875 074
Wahlbeteiligung:	71,7 %
gültige Stimmen:	1 269 764
Mandate:	100

davon	**CDU**	**SPD**	**DVP**	**KPD**
Stimmen absolut	487 085	404 716	247 710	130 253
Stimmenanteil in %	38,4	31,9	19,5	10,2
Mandate	39	32	19	10

TABELLE 7: 1. Dezember 1946 Bayern (1. Landtag)

Wahlberechtigt:	3 932 615
Wahlbeteiligung:	81,1 %
gültige Stimmen:	3 048 337
Mandate:	180

davon	**CSU**	**SPD**	**WAV**	**KPD**	**FDP**
Stimmen absolut	1 593 908	871 760	225 404	185 023	172 242
Stimmenanteil in %	52,3	28,6	7,4	6,1	5,6
Mandate	104	54	13	–	9

TABELLE 8: 20. April 1947 Schleswig-Holstein (1. Landtag)

Wahlberechtigt:	1 594 794
Wahlbeteiligung:	69,8 %
gültige Stimmen:	1 073 204
Mandate:	70

davon	**SPD**	**CDU**	**SSV**	**FDP**	**KPD**	**DKP**	**Z**	**Unabh.**
Stimmen absolut	469 994	365 534	99 500	53 359	50 398	32 848	1082	489
Stimmen-anteil in %	43,8	34,1	9,3	5,0	4,7	3,1	0,1	0,0
Mandate	43	21	6	–	–	–	–	–

TABELLE 9: 18. Mai 1947 Baden (1. Landtag)

Wahlberechtigt: 694953
Wahlbeteiligung: 67,8%
gültige Stimmen: 427824
Mandate: 60

davon	**BCSV**	**SP**	**DemP**	**KP**
Stimmen absolut	239312	95829	60980	31703
Stimmenanteil in %	55,9	22,4	14,3	7,4
Mandate	34	13	9	4

TABELLE 10: 18. Mai 1947 Rheinland-Pfalz (1. Landtag)

Wahlberechtigt: 1666547
Wahlbeteiligung: 77,9%
gültige Stimmen: 1161052
Mandate: 101

davon	**CDU**	**SP**	**DemP**	**KP**
Stimmen absolut	547875	398594	113844	100739
Stimmenanteil in %	47,2	34,3	9,8	8,7
Mandate	48	34	11	8

TABELLE 11: 18. Mai 1947 Württemberg-Hohenzollern (1. Landtag)

Wahlberechtigt: 615812
Wahlbeteiligung: 66,4%
gültige Stimmen: 378333
Mandate: 60

davon	**CDU**	**SPD**	**DVP**	**KPD**
Stimmen absolut:	205037	78707	67018	27571
Stimmenanteil in %	54,2	20,8	17,7	7,3
Mandate	32	12	11	5

TABELLE 12: 1. Dezember 1946 Hessen (1. Landtag)

Wahlberechtigt:	2 380 109			
Wahlbeteiligung:	73,2%			
gültige Stimmen:	1 609 388			
Mandate:	90			

davon	**SPD**	**CDU**	**LDP**	**KPD**
Stimmen absolut	687 431	498 158	252 207	171 592
Stimmenanteil in %	42,7	30,9	15,7	10,7
Mandate	38	28	14	10

Im Vergleich zur Wahl vom 30. 6. 46 (Tabelle 2)

Stimmen absolut	+ 33 847	− 52 084	+ 132 669	+ 27 568
Stimmenanteil in %	− 1,6	− 6,4	+ 7,6	+ 1,0
Mandate	− 4	− 7	+ 8	+ 3

TABELLE 13: 20. April 1947 Niedersachsen (1. Landtag)

Wahlberechtigte:	3 956 845
Wahlbeteiligung:	65,1%
gültige Stimmen:	2 459 479
Mandate:	149

davon	**SPD**	**CDU**	**NLP**	**FDP**	**KPD**	**Z**	**DReP**
Stimmen absolut	1 066 370	489 422	440 367	215 815	138 977	101 283	7245
Stimmenanteil in %	43,4	19,9	17,9	8,8	5,6	4,1	0,3
Mandate	65	30	27	13	8	6	−

TABELLE 14: 20. April 1947 Nordrhein-Westfalen (1. Landtag)

Wahlberechtigt:	7 860 608
Wahlbeteiligung:	67,3%
gültige Stimmen:	5 028 892
Mandate:	216

davon	**CDU**	**SPD**	**KPD**	**Z**	**FDP**	**DReP**	**RVP/ RWVP**	**Unabh.**
Stimmen absolut	1 889 581	1 607 487	702 410	491 138	298 995	24 879	13 547	855
Stimmenanteil in %	37,6	32,0	14,0	9,8	5,9	0,5	0,3	0,0
Mandate	92	64	28	20	12	−	−	−

TABELLE 15: 5. Oktober 1947 Saarland (1. Landtag)

Wahlberechtigt: 520855
Wahlbeteiligung: 95,7%
gültige Stimmen: 449565
Mandate: 50

davon	CVP	SPS	KP	DPS
Stimmen absolut	230082	147292	37936	34255
Stimmenanteil in %	51,2	32,8	8,4	7,6
Mandate	28	17	2	3

TABELLE 16: 12. Oktober 1947 Bremen (2. Bürgerschaft)

Wahlberechtigt: 338011
Wahlbeteiligung: 67,8%
gültige Stimmen: 218858
Mandate: 100

davon	SPD	CDU	BDV	KPD	FDP	DP	RSF	Unabh.
Stimmen absolut	91235	48118	30541	19290	11998	8442	2410	6824
Stimmen-anteil in %	41,7	22,0	13,9	8,8	5,5	3,9	1,1	3,1
Mandate	46	24	15	10	2	3	–	–

TABELLE 17: 5. Dezember 1948 Berlin-West (Stadtverordnetenversammlung)

Wahlberechtigt: 1586461
Wahlbeteiligung: 86,3%
gültige Stimmen: 1331270
Mandate: 98

davon	SPD	CDU	LPD
Stimmen absolut	858461	258664	214145
Stimmenanteil in %	64,5	19,4	16,1
Mandate	60	21	17

Die Landtagswahlen in der sowjetischen Zone vom 20. 10. 1946

TABELLE 18: 20. Oktober 1946 Sachsen (1. Landtag)

Wahlberechtigt:	3803000
Wahlbeteiligung:	92,5%
gültige Stimmen:	3252000
Mandate:	120

davon	SED	CDU	LDP	Massenorganisationen
Stimmenanteil in %	49,1	23,3	24,8	2,8
Mandate	59	28	30	3

TABELLE 19: 20. Oktober 1946 Sachsen-Anhalt (1. Landtag)

Wahlberechtigt:	2696000
Wahlbeteiligung:	91,6%
gültige Stimmen:	2324000
Mandate:	110

davon	SED	CDU	LDP	Massenorganisationen
Stimmenanteil in %	45,8	21,9	29,9	2,4
Mandate	51	24	33	2

TABELLE 20: 20. Oktober 1946 Thüringen (1. Landtag)

Wahlberechtigt:	1912000
Wahlbeteiligung:	90,7%
gültige Stimmen:	1657000
Mandate:	100

davon	SED	CDU	LDP	Massenorganisationen
Stimmenanteil in %	49,3	18,9	28,5	3,3
Mandate	50	19	28	3

TABELLE 21: 20. Oktober 1946 Brandenburg (1. Landtag)

Wahlberechtigt:	1656000
Wahlbeteiligung:	91,5%
gültige Stimmen:	1459000
Mandate:	100

davon	SED	CDU	LDP	Massenorganisationen
Stimmenanteil in %	43,5	30,3	20,5	5,7
Mandate	44	31	20	5

TABELLE 22: 20. Oktober 1946 Mecklenburg (1. Landtag)

Wahlberechtigt:	1 301 000
Wahlbeteiligung:	90,1 %
gültige Stimmen:	1 107 000
Mandate:	90

davon	**SED**	**CDU**	**LDP**	**Massenorganisationen**
Stimmenanteil in %	49,5	34,1	12,5	3,9
Mandate	45	31	11	3

TABELLE 23: Gesamtergebnis der Landtagswahlen in der sowjetischen Zone vom 20. Oktober 1946

Wahlberechtigt:	11 368 000
Wahlbeteiligung:	91,6 %
gültige Stimmen:	9 799 000
Mandate:	520

davon	**SED**	**CDU**	**LDP**	**Massenorganisationen**
Stimmenanteil in %	47,5	24,5	24,6	3,4
Mandate	249	133	122	16

Die Bundestagswahl 1949

TABELLE 24: Ergebnis der Bundestagswahl 1949

Wahlbeteiligung: 78,5 % (Berliner Abgeordnete in Klammern)

	Gültige Stimmen	**Prozentanteile**	**Mandate**
	23 732 398	100 %	402 (+ 8)
CDU/CSU	7 359 084	31 %	139 (+ 2)
SPD	6 934 975	29,2 %	131 (+ 5)
FDP	2 829 920	11,9 %	52 (+ 1)
KPD	1 361 708	5,7 %	15
BP	986 478	4,2 %	17
DP	939 934	4 %	17
DKP/DRP	429 031	1,8 %	5
EVD	26 162	0,1 %	–
RSF	216 749	0,9 %	–
RWVP	21 931	0,1 %	–
SSW	75 388	0,3 %	1
WAV	681 888	2,9 %	12
ZP	727 505	3,1 %	10
Parteilose	1 141 647	4,8 %	3

Das Parteiensystem

**Parteigründungen nach 1945
(Parteien, die in Landtagen bzw. im 1. Bundestag vertreten
waren)**

Arbeiterparteien	Kommunistische Partei Deutschlands (KPD)
	Sozialdemokratische Partei Deutschlands (SPD)
Christliche Parteien/ Politischer Katholizismus	Christlich-Demokratische Union (CDU)/Christlich-Soziale Union (CSU)
	Badische Christlich-Soziale Volkspartei (BCSV) – im Januar 1948 in CDU umbenannt
	Deutsche Zentrums-Partei (Z)
Liberale Parteien	Freie Demokratische Partei (FDP)
	Württemberg-Hohenzollern/Württemberg-Baden: Demokratische Volkspartei (DVP)
	Baden: Demokratische Partei (DemP) – im April 1948 in FDP umbenannt
	Rheinland-Pfalz: Liberale Demokra-

tische Partei (LP) und Sozialer Volksbund (SV) schließen sich zur Demokratischen Partei (DemP) zusammen –
April 1947

Bremen: Bremer Demokratische
Volkspartei (BDV)

Hessen: Liberal-Demokratische Partei
(LDP)

Konservative Regionalparteien	Niedersächsische Landespartei (NLP) – seit 1947 Deutsche Partei (DP)
	Bayernpartei (BP)
Minderheitenpartei	Südschleswigscher Verein (SSV)
	Südschleswigscher Wählerverband (SSW)
Freiwirtschaftliche Partei	Radikal-Soziale Freiheitspartei (RSF) – nur in der britischen Zone
Populistische Bewegung	Wirtschaftliche Aufbau-Vereinigung (WAV)
Rechtsparteien	Deutsche Konservative Partei (DKP)
	Deutsche Rechtspartei (DRP)

Zeittafel

1945

27. Januar	Sowjetische Truppen befreien das Konzentrationslager Auschwitz
4.–11. Februar	Konferenz von Jalta (Krim). Roosevelt, Churchill und Stalin beschließen die Aufteilung Deutschlands in Besatzungszonen
12. April	Tod F. D. Roosevelts; Truman wird neuer Präsident der USA
26. April	Richtlinien der Generalstabschefs der drei Waffengattungen für das Verhalten ihrer Truppen als Besatzungsmacht in Deutschland (Direktive JCS 1067)
30. April	Selbstmord Hitlers
1.–23. Mai	Geschäftsführende Reichsregierung Dönitz
8. Mai	Bedingungslose Kapitulation Deutschlands
5. Juni	Übernahme der obersten Regierungsgewalt durch die vier Alliierten
10. Juni	Zulassung von Parteien und Gewerkschaften durch die Sowjetische Militäradministration in Berlin-Karlshorst (SMAD)
11. Juni	Gründung der KPD in Berlin
15. Juni	Gründung der SPD in Berlin
26. Juni	Gründung der CDU in Berlin
1.–4. Juli	Rückzug amerikanischer und britischer Truppen aus Mecklenburg, Thüringen und Sachsen

	Amerikaner, Briten und Franzosen überneh-men im Gegenzug Sektoren in Berlin
5. Juli	Gründung der Liberal-Demokratischen Partei Deutschlands in Berlin
14. Juli	In der sowjetischen Zone schließen sich die vier zugelassenen Parteien zu einem »antifaschistischen« Block zusammen
17. Juli bis 2. August	Potsdamer Konferenz (Teilnehmer: Truman, Stalin und Churchill, nach den Unterhauswahlen am 28.7. Attlee). Potsdamer Abkommen über Entmilitarisierung, Entnazifizierung, Demokratisierung und Dezentralisierung Deutschlands
13./27. August	Zulassung von Parteien auf Gemeinde- bzw. Kreisebene in der US-Zone (auf Länderebene ab 23.11.1945, auf zonaler Ebene ab 28.2.1946)
15. September	Zulassung von Parteien auf Kreisebene in der britischen Zone (auf Länderebene ab 10.12.1945, auf zonaler Ebene ab Frühjahr 1946)
11. September bis 2. Oktober	Außenministerkonferenz in London
5.–7. Oktober	Konferenz der SPD in Wennigsen
17. Oktober	Erste Sitzung des Länderrates der US-Zone in Stuttgart
20. November	Beginn des Nürnberger Prozesses (Urteils-verkündung: 30.9.1946)
13. Dezember	Zulassung von Parteien in der französischen Zone auf Kreisebene (Länderebene Anfang 1946)
15.–22. Dezember	Außenministerkonferenz in Moskau

1946

20.–27. Januar	Gemeindewahlen in der US-Zone
15. Februar	Erste Sitzung des Zonenbeirats der britischen Zone in Hamburg
5. März	Gesetz zur Befreiung vom Nationalsozialismus und Militarismus in der US-Zone (Befreiungsgesetz)
26. März	Alliierter Kontrollrat verkündet den ersten Industrieplan für Deutschland
21./22. April	Vereinigung von SPD und KPD zur SED
25. Mai	Stopp der Reparationslieferungen aus der US-Zone an die UdSSR
31. Mai	Urabstimmung in der Westberliner SPD über Vereinigung mit der KPD
30. Juni	Wahlen zu den Verfassunggebenden Versammlungen in den Ländern der US-Zone
6. September	Rede des amerikanischen Außenministers Byrnes in Stuttgart
15. September	Gemeindewahlen in der britischen und französischen Zone
13. Oktober	Bürgerschaftswahlen in Hamburg
20. Oktober	Kreis- und Landtagswahlen in der sowjetischen Zone
24. November	Landtagswahlen in Württemberg-Baden und Volksabstimmung über die Verfassung
1. Dezember	Landtagswahlen in Bayern und Groß-Hessen. Gleichzeitig Volksabstimmung über die Verfassungen

1947

1. Januar	Die amerikanische und britische Zone werden zum Vereinigten Wirtschaftsgebiet (Bizone) zusammengeschlossen
3. Februar	Ahlener Programm der CDU
10. März bis 24. April	Außenministerkonferenz in Moskau
12. März	Verkündung der Truman-Doktrin
20. April	Landtagswahlen in der britischen Zone
18. Mai	Landtagswahlen in der französischen Zone
5. Juni	Rede des US-Außenministers Marshall in Harvard (Marshall-Plan)
6.–7. Juni	Münchner Ministerpräsidentenkonferenz
12. Oktober	Bürgerschaftswahlen und Volksabstimmung über die Verfassung des Landes Bremen
25. November bis 15. Dezember	Außenministerkonferenz in London
6.–7. Dezember	Sitzung des 1. Deutschen Volkskongresses in Berlin
22. Dezember	Wirtschaftliche Eingliederung der Saar an Frankreich

1948

23. Februar bis 6. März	1. Sitzung der Londoner Sechsmächtekonferenz (USA, Großbritannien, Frankreich, Benelux-Staaten)
17.–18. März	Sitzung des 2. Deutschen Volkskongresses in Berlin
20. März	Letzte Sitzung des Alliierten Kontrollrates
20. April bis 2. Juni	2. Sitzung der Londoner Sechsmächtekonferenz
20. Juni	Währungsreform in den Westzonen
24. Juni	Währungsreform in der sowjetischen Zone
24. Juni	Beginn der Berlin-Blockade (bis 12. 5. 1949)
1. Juli	Übergabe der »Frankfurter Dokumente« an die Ministerpräsidenten der westdeutschen Länder
8.–10. Juli	Konferenz der westdeutschen Ministerpräsidenten in Koblenz über die alliierte Empfehlung zur Gründung eines Weststaats
10.–23. August	Verfassungskonvent von Herrenchiemsee erarbeitet Entwurf eines Grundgesetzes
1. September	Erste Sitzung des Parlamentarischen Rates in Bonn
11./12. Dezember	Die FDP konstituiert sich in Heppenheim als Bundespartei

1949

8. Mai	Verabschiedung des Grundgesetzes durch den Parlamentarischen Rat
10. Mai	Der Parlamentarische Rat wählt Bonn zur vorläufigen Bundeshauptstadt
23. Mai	Verkündung des Grundgesetzes
14. August	Wahlen zum ersten Deutschen Bundestag
12. September	Wahl von Theodor Heuss zum Bundespräsidenten
15. September	Konrad Adenauer wird zum Bundeskanzler gewählt
7. Oktober	Gründung der DDR
12.–14. Oktober	Gründung des DGB in München

Literaturverzeichnis

Abelshauser, Werner: Wirtschaft in Westdeutschland 1945–1948. Stuttgart 1975

Abelshauser, Werner: Probleme des Wiederaufbaus der Westdeutschen Wirtschaft 1945 bis 1953, in: H. A. Winkler 1979, S. 208–253

Adenauer, Konrad: Erinnerungen 1945–1953. Stuttgart 1965

Angermair, Elisabeth: Theaterleben in den ersten Nachkriegsjahren: Kammerspiele, Volkstheater, Privattheater, in: Prinz 1984, S. 193 bis 202

Bauer, Alfred: Deutscher Spielfilm-Almanach 1929–1950. Berlin 1950

Becker, Josef/Stammen, Theo/Waldmann, Peter (Hrsg.): Vorgeschichte der Bundesrepublik Deutschland. München 1979

Benz, Wolfgang: Von der Besatzungsherrschaft zur Bundesrepublik. Frankfurt 1984

Benz, Wolfgang: Die Gründung der Bundesrepublik. München 1984

Berger, Thomas/Müller, Karl-Heinz: Lebenssituationen 1945–1948. Hannover 1983

Bergsträsser, Ludwig: Geschichte der politischen Parteien in Deutschland. München 1965

Beyme, Klaus von: Das politische System der Bundesrepublik Deutschland. München 1977

Bocklet, Reinhold L. (Hrsg.): Das Regierungssystem des Freistaates Bayern, Bd. II. München 1979

Borgelt, Hans: Das war der Frühling von Berlin. München 1983

Borsdorf, Ulrich/Niethammer, Lutz (Hrsg.): Zwischen Befreiung und Besatzung. Analysen des US-Geheimdienstes über Positionen und Strukturen deutscher Politik 1945. Wuppertal 1976

Bungenstab, Karl-Ernst: Umerziehung zur Demokratie? Re-educa-
tion-Politik im Bildungswesen der US-Zone 1945–1949. Düsseldorf
1970

Deutscher, Isaac: Berlin – September 1945, in: Scherpe 1982, S. 350
bis 356

Dittberner, Jürgen: Die Freie Demokratische Partei, in: Stöss 1983,
S. 1311–1381

Dorn, Walter L.: Inspektionsreisen in der US-Zone. Stuttgart 1973

Dotterweich, Volker: Die »Entnazifizierung«, in: Becker/Stammen/
Waldmann 1979, S. 123–161

Dovifat, Emil: Sichtwerbung (Plakat). In: Handbuch der Publizistik,
hrsg. v. E. Dovifat, Bd. I, S. 265–269. Berlin 1968

Düwell, Kurt: Entstehung und Entwicklung der Bundesrepublik
Deutschland (1945–1961). Köln/Wien 1981

Erdmann, Karl Dietrich: Das Ende des Reiches und die Neubildung
deutscher Staaten. München [3]1983

Eschenburg, Theodor: Jahre der Besatzung 1945–1949. Stuttgart/
Wiesbaden 1983

Foelz-Schroeter, Marie Elise: Föderalistische Politik und nationale
Repräsentation. 1945–1947. Stuttgart 1974

Franck, Dieter: Jahre unseres Lebens 1945–1949. Hamburg
1983

Frisch, Max: Tagebuch 1946–1949, in: Glaser 1980, S. 206–215

Fürstenau, Justus: Entnazifizierung. Ein Kapitel deutscher Nachkriegspolitik. Neuwied 1969

Fürstenau, Justus: Entnazifizierung, in: Staatslexikon der Görres-Ge-
sellschaft, Bd. 2. Freiburg 1958, Sp. 1195–1262

Gallo, Max: Geschichte der Plakate. Herrsching 1975

Gimbel, John: Amerikanische Besatzungspolitik in Deutschland
1945–1949. Frankfurt 1971

Glaser, Hermann (Hrsg.): Bundesrepublikanisches Lesebuch.
Frankfurt 1980

Graml, Hermann: Die Alliierten und die Teilung Deutschlands.
Frankfurt 1985

Grebing, Helga u. a.: Die Nachkriegsentwicklung in Westdeutschland 1945–1949. Bd. 1: Wirtschaftliche Grundlagen, Bd. 2: Politik
und Gesellschaft. Stuttgart 1980

Grobecker, Kurt/Loose, Hans-Dieter/Verg, Erik (Hrsg.): ... mehr als ein Haufen Steine. Hamburg 1945–1949. Hamburg 1981

Grosser, Alfred: Geschichte Deutschlands seit 1945. München [10]1982

Grube, Frank/Richter, Gerhard: Die Schwarzmarktzeit. Deutschland zwischen 1945 und 1948. Hamburg 1979

Grube, Frank/Richter, Gerhard (Hrsg.): Flucht und Vertreibung. Hamburg 1980

Habe, Hans: Im Jahre Null. München 1977

Hättich, Manfred u. a.: Politische Bewegungen in Deutschland. Bonn 1964

Hagen, Manfred: Das politische Plakat als zeitgeschichtliche Quelle. In: Geschichte und Gesellschaft 1978, S. 412–436

Hampel, Johannes/Grulich, Walter: Politische Plakate der Welt. München 1971

Heimann, Siegfried: Die Sozialdemokratische Partei Deutschlands, in: Stöss 1983, S. 2025–2216

Hillel, Marc: Die Invasion der Be-freier. Die GI's in Europa 1942 bis 1947. Hamburg 1983

Hillier, Bevis: Plakate. Hamburg 1969

Hurwitz, Harold: Die Stunde Null der deutschen Presse. Die amerikanische Pressepolitik in Deutschland 1945–1949. Köln 1972

Huster, Ernst-Ulrich u. a.: Determinanten der westdeutschen Restauration. 1945–1949. Frankfurt [7]1980

Jendricke, Bernhard: Die Nachkriegszeit im Spiegel der Satire. Frankfurt 1982

Kaack, Heino: Geschichte und Struktur des deutschen Parteiensystems. Opladen 1971

Kleßmann, Christoph: Die doppelte Staatsgründung. Deutsche Geschichte 1945–1955. Bonn 1982

Kocka, Jürgen: 1945: Neubeginn oder Restauration? In: Stern/Winkler 1979, S. 141–168

Kogon, Eugen: Hessen nach dem Zusammenbruch, in: Stein 1976, S. 29–55

Zwischen Kaltem Krieg und Wirtschaftswunder. Eine Ausstellung aus den Beständen der Plakatsammlung des Münchner Stadtmuseums. Katalog 1982

Krüger, Wolfgang: Entnazifiziert! Wuppertal 1982

Latour, Conrad F./Vogelsang, Thilo: Okkupation und Wiederaufbau. Die Tätigkeit der Militärregierung in der amerikanischen Besatzungszone Deutschlands 1944 bis 1947. Stuttgart 1977

Lilge, Herbert (Hrsg.): Deutschland 1945–1963. Hannover [10]1978

Löbel, Hansgeorg: Neue Heimat in Niedersachsen. Hannover 1979

Löwenthal, Richard/Schwarz, Hans-Peter (Hrsg.): Die zweite Republik. Stuttgart 1974

Lüth, Erich: Die Hamburger Bürgerschaft 1946–1971. Hamburg 1971

Medebach, Friedrich: Plakat, Flugblatt, Flugschrift. In: Handbuch der Publizistik. Hrsg. von Emil Dovifat, Bd. 3, 2. Teil, Berlin 1969, S. 1 bis 38

Merritt, A. J./Merritt, R. L. (Hrsg.): Public Opinion in Occupied Germany. Urbana 1970

Mintzel, Alf: Die Christlich-Soziale Union in Bayern e. V., in: Stöss 1983, S. 661–718

Mintzel, Alf: Die Bayernpartei, in: Stöss 1983, S. 395–489

Molt, Peter: Die Christlich-Demokratische Union Deutschlands, in: Hättich 1964, S. 109–162

Müller-Brockmann, Josef und Shizuko: Geschichte des Plakats. Zürich 1971

Niclauß, Karlheinz: Demokratiegründung in Westdeutschland. München 1974

Niclauß, Karlheinz: »Restauration« oder Renaissance der Demokratie? Die Entstehung der Bundesrepublik Deutschland 1945–1949. Berlin 1982

Niethammer, Lutz: Entnazifizierung in Bayern. Säuberung und Rehabilitierung unter amerikanischer Besatzung. Frankfurt 1972. Bonn 1982

Niethammer, Lutz (Hrsg.): Walter L. Dorn: Inspektionsreisen in der US-Zone. Stuttgart 1973

Olzog, G./Liese, H.-J.: Die politischen Parteien in der Bundesrepublik Deutschland. München/Wien [14]1983

Overesch, Manfred: Deutschland 1945–1949. Königstein 1979

Pakschies, Günter: Umerziehung in der Britischen Zone 1945–1949. Weinheim 1979

Peter, Louis F.: Kunst und Revolte. Köln 1968

Pikart, Eberhard: Auf dem Weg zum Grundgesetz, in: Löwenthal/ Schwarz 1974, S. 149–176

Plum, Günter: Versuche gesellschaftspolitischer Neuordnung – Ihr Scheitern im Kräftefeld deutscher und alliierter Politik, in: Westdeutschlands Weg zur Bundesrepublik 1976, S. 90 ff.

Prinz, Friedrich: Trümmerzeit in München. München 1984

Rademacher, Hellmut: Das deutsche Plakat. Von den Anfängen bis zur Gegenwart. Dresden 1965

Rademacher, Hellmut: Deutsche Plakatkunst und ihre Meister. Hanau o. J.

Rexin, Manfred: Die Jahre 1945–1949, in: Lilge 1978, S. 3–67

Röhrich, Wilfried: Die verspätete Demokratie. Köln 1983

Roloff, Hans Paul: Experimentelle Untersuchung der Werbewirkung von Plakatentwürfen. Leipzig 1927

Rudolph, Hagen: Die verpaßten Chancen. München 1982

Ruhl, Klaus-Jörg: Die Besatzer und die Deutschen. Amerikanische Zone 1945–1948. Düsseldorf 1980

Ruhl, Hans-Jörg: Neubeginn und Restauration. München 1982

Rupp, Hans Karl: Politische Geschichte der Bundesrepublik Deutschland. Stuttgart 1978

Scharf, Claus/Schröder, Hans Jürgen (Hrsg.): Die Deutschlandpolitik Großbritanniens und die Britische Zone: 1945–1949. Wiesbaden 1979

Scherpe, Klaus R. (Hrsg.): In Deutschland unterwegs. Stuttgart 1982

Schindler, Herbert: Monografie des Plakats. Entwicklung, Stil, Design. München 1972

Schlangen, Walter (Hrsg.): Die deutschen Parteien im Überblick. Königstein 1979

Schmidt, Ute: Die Christlich-Demokratische Union Deutschlands, in: Stöss 1983, S. 490–660

Schmidt, Ute: Die Deutsche Zentrums-Partei, in: Stöss 1983, S. 1192 bis 1242

Schmollinger, Horst: Die Deutsche Partei, in: Stöss 1983, S. 1025 bis 1111

Schneider, Ullrich: Niedersachsen 1945/46. Hannover 1984

Sontheimer, Kurt: Grundzüge des politischen Systems der Bundesrepublik Deutschland. München 1971

Stammen, Theo (Hrsg.): Einigkeit und Recht und Freiheit. Westdeutsche Innenpolitik 1945–1955. München 1965

Stammen, Theo: Das alliierte Besatzungsregime in Deutschland, in: Becker/Stammen/Waldmann 1979, S. 61–91

Staritz, Dietrich: Die Kommunistische Partei Deutschlands, in: Stöss 1983, S. 1663–1809

Stein, Erwin (Hrsg.): 30 Jahre Hessische Verfassung 1946–1976. Wiesbaden 1976

Steininger, Rolf: Deutsche Geschichte 1945–1961. Darstellung und Dokumente in zwei Bänden. Frankfurt 1983

Stern, Carola/Winkler, Heinrich-August (Hrsg.): Wendepunkte deutscher Geschichte. Frankfurt 1979

Stöss, Richard (Hrsg.): Parteien-Handbuch. Die Parteien der Bundesrepublik Deutschland, 1945–1980, 2 Bände. Opladen 1983

Trees, Wolfgang/Whiting, Charles/Omansen, Thomas: Drei Jahre nach Null. Geschichte der britischen Besatzungszone 1945–1948. Ein Bild-Text-Band. Düsseldorf 1978

Treue, Wolfgang: Die deutschen Parteien. Wiesbaden 1961

Treue, Wolfgang: Die Geschichte unseres Landes seit 1945, in: Niedersachsen. Hannover 1962, S. 20–48

Treue, Wolfgang: Deutsche Parteiprogramme seit 1861. Göttingen [4]1968

Trittel, Günter J.: Die Bodenreform in der Britischen Zone 1945 bis 1949. Stuttgart 1975

Troll, Thaddäus: Vom Schwarzen Markt, in: Scherpe 1982, S. 391–398

Vaillant, Jérôme: Der Ruf. Unabhängige Blätter der jungen Generation. 1945–1949. München/New York/Paris 1978

Vogelsang, Thilo: Hinrich Wilhelm Kopf und Niedersachsen. Hannover 1963

Vogelsang, Thilo: Das geteilte Deutschland. München [12]1983

Weber, Jürgen (Hrsg.): 30 Jahre Bundesrepublik Deutschland.
Bd. I: Auf dem Wege zur Republik 1945–1947. München 1978;
Bd. II: Das Entscheidungsjahr 1948. München 1979;
Bd. III: Die Gründung des neuen Staates 1949. München 1981

Weiss, Peter: Berliner Kinder, in: Scherpe 1982, S. 365–370

Westdeutschlands Weg zur Bundesrepublik 1945–1949. Beiträge von
    Mitarbeitern des Instituts für Zeitgeschichte. München 1976
Whiting, Charles: Norddeutschlands Stunde Null. April–September
    1945. Düsseldorf 1970
Wilharm, Irmgard (Hrsg.): Deutsche Geschichte 1962–1983.
    Dokumente in zwei Bänden. Frankfurt 1985
Winkler, Heinrich August (Hrsg.): Politische Weichenstellungen im
    Nachkriegsdeutschland 1945–1953. Göttingen 1979
Woller, Hans: Die Wirtschaftliche Aufbau-Vereinigung, in: Stöss
    1983, S. 2458–2481
Wuermeling, H. L.: Die weiße Liste. Umbruch der politischen Kultur in
    Deutschland. Berlin 1981
Zayas, Alfred M. de: Die Anglo-Amerikaner und die Vertreibung der
    Deutschen. München 1978
Zeller, Bernhard (Hrsg.): »Als der Krieg zu Ende war«. Literarisch-
    politische Publizistik 1945–1950. Stuttgart 1973
Zentner, Kurt: Aufstieg aus dem Nichts. Deutschland von 1945–1953.
    Eine Soziographie in 2 Bänden. Köln 1954

Die Geschichte der Bundesrepublik Deutschland in Quellen und Darstellungen

Zur Vor- und Frühgeschichte:

Hermann Graml
Die Alliierten und die Teilung Deutschlands
Konflikte und Entscheidungen
1941–1948 *(Band-Nr. 4310)*

»Es gibt Bücher, die kommen zur rechten Zeit . . . Nur zur politischen Beurteilung der deutschen Frage ist die Kenntnis ihrer Entstehung notwendig. Die Lektüre des Buches ist ebenso bitter wie faszinierend . . . Das Buch von Graml sollte eine Art Bettlektüre aller Deutschlandpolitiker sein.«
Hans Heigert in *Süddeutsche Zeitung*

»Das Lesen lohnt. Graml hat Spaß am Erklären, und er erklärt bewundernswert klar.«
Frankfurter Allgemeine Zeitung

Wolfgang Benz
Von der Besatzungsherrschaft zur Bundesrepublik
Stationen einer Staatsgründung
1946–1949 *(Band-Nr. 4311)*

». . . eine Bereicherung der die Nachkriegszeit erhellenden Literatur.«
Süddeutsche Zeitung

»Insgesamt sind Konzeption, Darstellung und belegter Faktenreichtum des Bandes geeignet, eine gute Informationsgrundlage in einer jedermann, auch dem Studenten, erreichbaren Preisklasse abzugeben.«
Das Historisch-Politische Buch

Die Geschichte der Bundesrepublik Deutschland:

Wolfgang Benz (Hg.)
Die Bundesrepublik Deutschland
Geschichte in drei Bänden
Band 1: Politik *(Band-Nr. 4312)*
Band 2: Gesellschaft *(Band-Nr. 4313)*
Band 3: Kultur *(Band-Nr. 4314)*
unter Mitarbeit von mehr als 30 Fachleuten

»Insgesamt bietet diese Publikation ein ungeschminktes Bild
bundesrepublikanischer Verhältnisse . . .: mit ihren Wider-
sprüchen und Defiziten, aber auch mit ihren unbestreitbaren
Leistungen und Vorzügen. Jeder Beitrag wird mit Literatur-
hinweisen und einer themenbezogenen Chronik abgeschlossen. – Ein sehr nützliches Nachschlagewerk, das vor allem in
die Schulbibliotheken gehört.«
Volker Ullrich in *Süddeutsche Zeitung*

»Ein Standardwerk zur Geschichte der Bundesrepublik . . .,
ein ungemein verläßliches Werk! . . . ein Werk, das durch die
Irrungen und Wirrungen der jüngsten Zeitgeschichte Schnei-
sen bahnt, die es dem Leser ermöglichen, diese faszinierende
Epoche zu ergründen . . .
Hermann Glaser in *Frankfurter Rundschau*

»Alles in allem kann man sagen, daß es gelungen ist, ein
Handbuch und Nachschlagewerk zur bisherigen und zur
›laufenden‹ Geschichte der Bundesrepublik Deutschland zu
schaffen.«
Gewerkschaftliche Monatshefte

»Seit Grossers ›Deutschlandbilanz‹ hat es keinen so umfassenden Versuch mehr gegeben, alle wichtigen Aspekte der
bundesrepublikanischen Wirklichkeit darzustellen, wie in
diesem Werk. Ein imposanter Versuch . . ., der insgesamt
gelungen ist.«
Deutsches Allgemeines Sonntagsblatt

Dokumente zur deutschen Nachkriegsgeschichte:

Klaus Wasmund
Politische Plakate aus dem Nachkriegsdeutschland
Zwischen Kapitulation und Staatsgründung
1945–1949 *(Band-Nr. 4309)*

Rolf Steininger (Hg.)
Deutsche Geschichte 1945–1961
Darstellungen und Dokumente in zwei Bänden
Band-Nr. 4315 und 4316

».. . ist ein Lesebuch für Nachholer, die sich als Zeitgenossen nur an die Not der ersten Nachkriegsjahre, dann an Wiederaufbau und Wirtschaftsaufschwung erinnern, ohne die aktuellen Fakten der Politik zu kennen. Es ist ein Lesebuch aber auch für die Jüngeren, die in der Schule von alledem nur wenig mitbekommen haben.. .'.«
Walter Först in *WDR/Forum West*

»Für mich ist [diese Dokumentation] ein großer Wurf.«
W. Ripper in *Informationen für Geschichts-
und Gemeinschaftskundelehrer*

Irmgard Wilharm (Hg.)
Deutsche Geschichte 1962–1983
Dokumente in zwei Bänden
Band-Nr. 4317 und 4318

Die Dokumente zur Geschichte beider deutschen Staaten sind thematisch und chronologisch gegliedert und werden blockweise kommentiert. Band 1 bringt schwerpunktmäßig Dokumente zur Innenpolitik der Zeit zwischen Mauerbau und Großer Koalition, Band 2 behandelt die Ära der Sozialliberalen Koalition mit ihren Reformplänen bis zur sogenannten Bonner Wende des Jahres 1983.
Handliche Arbeitsbücher, die ohne Konkurrenz sind.

Fischer Taschenbuch Verlag

fi 1002/1